顧客満足度を高める

24の相談事例でつかむ

相続税申告書の作成実務

税理士法人 トゥモローズ 著

税務経理協会

はじめに

　相続税申告における顧客の要望は多岐にわたります。様々な要望に対して専門家として適切な提案ができれば顧客の満足度を高めることも可能となります。

　本書では，下記のような実務上頻出する事例等を24掲げ，事例ごとに相続人の具体的な要望とそれに対する税理士のアドバイスを盛り込むことにより，実際の相続実務の現場でも活用できるような構成となっています。

□生前贈与がある場合
□名義財産がある場合
□数次相続の場合
□未分割申告の場合
□遺留分侵害額請求がされている場合　等

　また，各事例の課税上の取扱いや留意すべき論点についても，難解な表現はできるだけ避け，分かりやすく解説するように努めました。

　さらに，本書はタイトルにもあるように相続税申告書の作成方法まで解説しています。
　相続税申告書の作成は，税務ソフトで行うことが多く，数字は自動で転記・集計されるため，実務上，申告書作成の段階で迷うことは少ないと思われているかもしれません。しかし，相続税申告書作成の実務には特有の論点が多く存在し，記載方法等が特殊なケースがいくつもあります。

　本書では，事例ごとに間違いやすい論点やポイントとなる箇所に限定して申告書の記載例を解説しています。本書が相続実務を取り扱う専門家の皆様の少しでも参考になれば幸いです。

　なお，文中意見にわたる部分は筆者の個人的見解に基づくものであることを念のため申し添えます。

最後に，本書を執筆する機会を与えてくださった株式会社税務経理協会の中村謙一氏に心より厚く御礼申し上げます。

2022年 4 月

税理士法人トゥモローズ

Contents

ケース1 代償分割の場合

【相談内容】

被相続人
（享年84歳，夫は20年前に死亡）
相続開始日：令和3年4月10日

相続人①
（59歳）

相続人②
（56歳）

〈相続財産（土地以外は相続税評価額＝遺産分割時の時価）〉

自宅土地　100,000千円（遺産分割時の時価：140,000千円，地積200㎡）

自宅建物　10,000千円

現金預金　50,000千円

死亡保険金　50,000千円（受取人長女）

〈居住状況〉

自宅建物に母と長女が同居しており，母の死亡後も長女は自宅に居住継続予定である。また，長男は他県にある長男の持ち家に家族と居住している。したがって，自宅土地に係る小規模宅地等の特例は長女のみが適用可能である。

〈その他〉

遺言はないが，母は生前「自宅不動産は娘に相続させたい」と言っていた。

長女や長男及びその家族に対する資金移動（生前贈与や名義預金等）はない。

〈相続人の要望〉

・自宅不動産にそのまま住み続けたい。
・今回の相続で自身の金融資産の持ち出しはしたくない。
・相続税はできるだけ少なく抑えたい。

・民法の法定相続分通りに遺産分割したい。
・法定相続を実現するために必要ならば，長女に自宅不動産の売却をしてほしい。
・相続税はできるだけ少なく抑えたい。

1 税理士としてのアドバイス

　相続人2人の要望を叶えるためには，自宅不動産を全て長女が取得し，その代わりに長女が長男に死亡保険金50,000千円を原資として代償金を支払う代償分割という遺産分割方法がベストでしょう。また，代償分割にすることにより小規模宅地等の特例が最大限適用できますので，相続税の負担も抑えることが可能です。

　なお，相続税申告上の代償金を実際に支払った代償金とするか，調整計算後の代償金とするかという問題が出てきますが，本件の場合には，公平性の観点から調整計算後の代償金とします。

　上記を考慮した遺産分割案は下記の通りです。下記金額は遺産分割時の時価です。

```
長女：自宅土地        140,000千円
      自宅建物         10,000千円
      代償金          −50,000千円
      合計100,000千円
長男：現預金          50,000千円
      代償金         ＋50,000千円
      合計100,000千円
```

2 代償分割の意義

　代償分割とは，特定の相続人が相続財産の全部又は一部を相続し，その相続人から他の相続人に代わりの財産を交付する遺産分割方法をいいます。

　遺産分割の方法は，代償分割の他にも現物分割，換価分割，共有分割という方法が存在します。それぞれの方法に一長一短がありますが，今回の相談のように，共有分割や換価分割をし難い財産（本相談の場合には自宅土地）の遺産に占める割合が多いような案件では，代償分割の採用が有効でしょう。

3 代償分割の留意点

(1) 代償金の算定

　不動産や非上場株式が代償分割対象財産となる場合には，その時価をどのように算定するのかが相続人間で争点になることがあります。実務上は，相続税評価額で代償金を算定するケースもあれば，本相談のように遺産分割時の時価（市場価格）で代償金を算定するケースもあります。相続税の申告期限までに代償金の金額を決定するためには，ある程度早い段階で相続人間で協議ができるような段取りを組む

必要があるでしょう。

⑵　代償金の支払能力と債務不履行となった場合

　代償分割とする場合には代償金を支払う相続人の支払能力を十分に検討する必要があります。本相談の場合には支払能力に心配はありませんが，実務では代償金を支払う相続人の固有財産が足りずに分割払いとなるケースもあります。分割払いの場合には，債務不履行になる可能性が高まるため可能な限り一括払いとすべきです。また，代償金が債務不履行になったとしてもその遺産分割は無効にはならないという最高裁判例も存在します（平成元年2月9日最高裁判例）。

　図らずも分割払いとなってしまう場合には，代償金を支払う相続人の所有する不動産に抵当権を設定することや，支払期日を超過した場合に金利を設定することなどの検討が必要でしょう。

⑶　代償金が申告期限まで決まらない場合の留意点

　代償分割の場合には，代償金の金額が確定してはじめて遺産分割の確定となるため，換価分割のように将来決まるであろう換価代金についての割合を協議で決めたとしてもそれは遺産分割の確定とはいえません。したがって，代償分割は申告期限まで代償金の金額が決まらない場合には相続税法55条による未分割申告に該当することとなり，当初申告における小規模宅地等の特例や配偶者の税額軽減の適用はできないこととなりますので注意が必要です。

- -
４　代償分割と現物分割との相続税額の差

　自宅不動産を長女と長男で2分の1共有相続した場合と，長女が自宅不動産を全て相続するという代償分割をした場合の相続税額の相違を確認してみましょう。

(1) 共有分割の場合の相続税額

（単位：千円）

自宅土地	100,000
小規模宅地等の特例 (※)	-40,000
自宅建物	10,000
現金預金	50,000
死亡保険金	50,000
生命保険金非課税枠	-10,000
正味の遺産額合計	160,000
基礎控除	-42,000
課税遺産総額	118,000
相続税総額	21,400

（※）　小規模宅地等の特例の適用額
　　　　100,000千円×1/2×80％＝40,000千円

(2) 代償分割の場合の相続税額

（単位：千円）

自宅土地	100,000
小規模宅地等の特例 (※)	-80,000
自宅建物	10,000
現金預金	50,000
死亡保険金	50,000
生命保険金非課税枠	-10,000
正味の遺産額合計	120,000
基礎控除	-42,000
課税遺産総額	78,000
相続税総額	11,600

（※）　小規模宅地等の特例の適用額
　　　　100,000千円×80％＝80,000千円

　共有分割の場合には，小規模宅地等の特例が自宅土地の半分に対応する40,000千円までしか適用できませんが，代償分割の場合には，同特例が最大値である80,000千円まで適用可能となります。結果，代償分割を採用した場合は，課税遺産総額が40,000千円圧縮され，相続税総額を9,800千円抑えることが可能となります。

----

5 代償金の調整計算

　代償分割が行われた場合の課税価格については，相続税法基本通達11の2－9において下記の通り定められています。

代償分割の方法により相続財産の全部又は一部の分割が行われた場合における法第11条の2第1項又は第2項の規定による相続税の課税価格の計算は，次に掲げる者の区分に応じ，それぞれ次に掲げるところによるものとする。
　(1)　代償財産の交付を受けた者
　　相続又は遺贈により取得した現物の財産の価額と交付を受けた代償財産の価額との合計額
　(2)　代償財産の交付をした者
　　相続又は遺贈により取得した現物の財産の価額から交付をした代償財産の価額を控除した金額

　また，相続税法基本通達11の2－10のただし書きにおいて，上記の代償財産の価額を調整できる旨の規定も設けられています。

　(1)　共同相続人及び包括受遺者の全員の協議に基づいて代償財産の額を次の(2)に掲げる算式に準じて又は合理的と認められる方法によって計算して申告があった場合
　　当該申告があった金額
　(2)　(1)以外の場合で，代償債務の額が，代償分割の対象となった財産が特定され，かつ，当該財産の代償分割の時における通常の取引価額を基として決定されているとき
　　次の算式により計算した金額
　　A×（C÷B）
　　（注）　算式中の符号は，次のとおりである。
　　Aは，代償債務の額
　　Bは，代償債務の額の決定の基となった代償分割の対象となった財産の代償分割の時における価額
　　Cは，代償分割の対象となった財産の相続開始の時における価額（評価基本通達の定めにより評価した価額をいう。）

　代償金の調整計算をする理由は，相続人間の相続税負担の公平性を保つためです。別の簡単な具体例で確認してみましょう。

【具　体　例】
相続人：長男，二男
相続財産：土地（相続税評価額100,000千円，時価200,000千円）
遺産分割：長男が土地を取得する代償として二男に100,000千円の代償金を支払う。
調整計算後の代償金：
100,000千円（代償金）×100,000千円（土地の相続税評価額）÷200,000千円（土地の時価）＝50,000千円

【実際の代償金で計算した場合の各人の相続税額】 (単位：千円)

財産内訳	総額	長男	二男
自宅土地	100,000	100,000	0
代償金	0	-100,000	100,000
正味の遺産額合計	100,000	0	100,000
相続税総額	7,700	0	7,700

【調整計算後の代償金で計算した場合の各人の相続税額】 (単位：千円)

財産内訳	総額	長男	二男
自宅土地	100,000	100,000	0
代償金	0	-50,000	50,000
正味の遺産額合計	100,000	50,000	50,000
相続税総額	7,700	3,850	3,850

　実際の代償金で計算した場合には，相続税を全額二男が負担することとなり公平ではありません。これに対し，調整計算後の代償金で計算した場合には，相続税の負担割合が時価による財産取得割合と一致し公平な割合となっています。

　それでは，本相談の場合に支払った金額をそのまま代償金として課税価格に加味した場合と，相続税法基本通達11の２－10のただし書き(2)の調整計算をした場合で各相続人の相続税額がどのくらい異なるのか確認してみましょう。

(1)　調整計算をせずに実際支払った代償金により計算した場合

(単位：千円)

財産内訳	総額	長女	長男
自宅土地	100,000	100,000	0
小規模宅地等の特例 (※)	-80,000	-80,000	0
自宅建物	10,000	10,000	0
現金預金	50,000	0	50,000
死亡保険金	50,000	50,000	0
生命保険金非課税枠	-10,000	-10,000	0
代償金	0	-50,000	50,000
正味の遺産額合計	120,000	20,000	100,000
相続税総額	11,600	1,933	9,667

⑵ 調整計算をした場合

（単位：千円）

財産内訳	総額	長女	長男
自宅土地	100,000	100,000	0
小規模宅地等の特例 (※)	-80,000	-80,000	0
自宅建物	10,000	10,000	0
現金預金	50,000	0	50,000
死亡保険金	50,000	50,000	0
生命保険金非課税枠	-10,000	-10,000	0
代償金 (※)	0	-35,714	35,714
正味の遺産額合計	120,000	34,286	85,714
相続税総額	11,600	3,314	8,286

(※)

$$\text{支払代償金} \atop 50,000千円 \times {\text{代償分割対象財産の相続税評価額} \atop (\text{小規模宅地等の特例の適用前}) \atop 100,000千円} \div {\text{代償分割対象財産の} \atop \text{遺産分割の時価} \atop 140,000千円} = 35,714千円$$

　このように，代償金の調整計算をした場合の方が長男の相続税額が1,381千円減少し，より公平性を保てる結果となりました。

6　相続税申告書等の記載例

　相続税申告書の記載方法を確認していきましょう。本相談で，相続税申告書上留意すべき表は第11表及び第15表となります。代償金をどのように第11表，第15表に記載すべきか悩む税理士も多いと思います。まず，第11表についてですが，左端の「種類」欄には「その他の財産」と記載します。また，「細目」欄は「代償財産」となります。ポイントとなるのは「価額」欄です。実際に支払った代償金で相続税を計算する場合には，その支払った金額をそのまま記載すればよいのですが，本相談のように代償金の調整計算を行っている場合には，実際に支払った金額ではなく，調整計算後の代償金の金額を記載します。

　そして，第15表については，「その他の財産」の「その他」欄に，調整計算後の代償金を長女は負数で，長男は正数で記載します。

相続税がかかる財産の明細書

（相続時精算課税適用財産を除きます。）

被相続人　母

この表は、相続や遺贈によって取得した財産及び相続や遺贈によって取得したものとみなされる財産のうち、相続税のかかるものについての明細を記入します。

○相続時精算課税適用財産の明細については、この表によらず第11の2表に記載します。

遺産の分割状況	区　　分	① 全 部 分 割	2 一 部 分 割	3 全 部 未 分 割
	分 割 の 日	・　・	・　・	・　・

財　産　の　明　細							分割が確定した財産		
種　類	細　目	利用区分、銘柄等	所在場所等	数 量／固定資産税評価額	単 価／倍 数	価　額	取得した人の氏　名	取得財産の価　額	
土地	宅地			200 ㎡		円	長女	(持分1/1) 円 20,000,000	
				(11・11の2表の付表1のとおり)		20,000,000			
	(小計)					(20,000,000)			
〔計〕						〔 20,000,000 〕			
家屋	家屋	自用家屋				10,000,000	長女	10,000,000	
〔計〕						〔 10,000,000 〕			
現金、預貯金等	預貯金					50,000,000	長男	50,000,000	
〔計〕						〔 50,000,000 〕			
その他の財産	生命保険金等					40,000,000	長女	40,000,000	
	(小計)					(40,000,000)			
その他の財産	代償財産					△35,714,285 35,714,285	長女	△35,714,285	
							長男	35,714,285	
	(小計)					(0)			
〔計〕						〔 40,000,000 〕			
〔合計〕						〔 120,000,000 〕			

調整計算後の代償金を記載

合計表	財産を取得した人の氏名	(各人の合計)					
	分割財産の価額 ①	120,000,000 円	34,285,715	85,714,285 円	円	円	円
	未分割財産の価額 ②						
	各人の取得財産の価額（①＋②）③	120,000,000	34,285,715	85,714,285			

（注） 1 「合計表」の各人の③欄の金額を第1表のその人の「取得財産の価額①」欄に転記します。
　　　 2 「財産の明細」の「価額」欄は、財産の細目、種類ごとに小計及び計を付し、最後に合計を付して、それらの金額を第15表の①から⑭までの該当欄に転記します。

第11表（令3.7）

（資 4 －20－12－ 1 －A 4 統一）

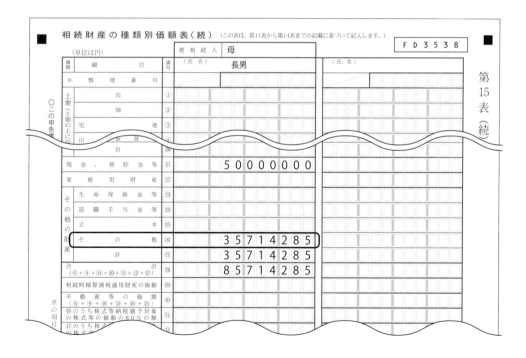

相続財産の種類別価額表 (この表は、第11表から第14表までの記載に基づいて記入します。) FD3537

（単位は円）

被相続人 母

種類	細目	番号	各人の合計	（氏名） 長女
※	整理番号		被相続人	
土地（土地の上に	田	①		
	畑	②		
	宅 地	③	20000000	20000000
山 林		④		
	証 計	⑳		
現 金 、 預 貯 金 等		㉑	50000000	
家 庭 用 財 産		㉒		
その他の財産	生 命 保 険 金 等	㉓	40000000	40000000
	退 職 手 当 金 等	㉔		
	立 木	㉕		
	そ の 他	㉖	0	△35714285
	計	㉗	40000000	4285715
合 計 (⑥+⑨+⑭+⑳+㉑+㉒+㉗)		㉘	120000000	34285715
相続時精算課税適用財産の価額		㉙		
不 動 産 等 の 価 額 (⑥+⑨+⑩+⑮+⑯+㉕)		㉚	30000000	30000000
㉖のうち株式等納税猶予対象の株式等の価額の80％の額		㉛		
㉗のうち株式等				

第15表（平

相続財産の種類別価額表（続） (この表は、第11表から第14表までの記載に基づいて記入します。) FD3538

（単位は円）

被相続人 母

種類	細目	番号	（氏名） 長男	（氏名）
※	整理番号			
土地（土地の上に	田	①		
	畑	②		
	宅 地	③		
山 林		④		
	証 計	⑳		
現 金 、 預 貯 金 等		㉑	50000000	
家 庭 用 財 産		㉒		
その他の財産	生 命 保 険 金 等	㉓		
	退 職 手 当 金 等	㉔		
	立 木	㉕		
	そ の 他	㉖	35714285	
	計	㉗	35714285	
合 計 (⑥+⑨+⑭+⑳+㉑+㉒+㉗)		㉘	85714285	
相続時精算課税適用財産の価額		㉙		
不 動 産 等 の 価 額 (⑥+⑨+⑩+⑮+⑯+㉕)		㉚		
㉖のうち株式等納税猶予対象の株式等の価額の80％の額		㉛		
㉗のうち株式等				

第15表（続）

ちなみに，代償分割の場合の遺産分割協議書の記載例は下記を参照してください。

　遺産分割協議書に記載する代償金は，相続税申告書上の調整計算後の代償金ではなく，当然実際に支払う代償金を記載します。また，前述した通り，代償金の債務不履行の心配がある場合には，抵当権設定の条項や支払期限を超過した場合の金利の条項を追記してもよいでしょう。

> … (省略) …
> 5．代償財産
> 相続人　長女　は，上記自宅不動産を取得する代償として，相続人　長男　に対し，金50,000,000円を令和2年○月○日までに金銭により交付するものとする。
> … (省略) …

7　ま　と　め

　遺産分割の方法には，現物分割，換価分割，代償財産，共有分割と4種類存在することを理解し，相続に携わる税理士として，相続人のニーズに応じた適切な遺産分割の方法を提案できなければなりません。

　そして，遺産分割の方法により相続税の総額や各相続人が納付すべき相続税額が異なることもありますので，相続人に対してそれぞれの方法のメリットやデメリットを説明し，各相続人が納得できるような遺産分割を提案しましょう。また，代償分割特有の相続税申告書や遺産分割協議書の記載方法が存在しますので留意が必要になります。

<table>
<tr><td rowspan="2">ケース2</td><td rowspan="2">二次相続を踏まえた
遺産分割提案をする場合</td><td>関連する申告書等</td></tr>
<tr><td>第1表
第5表
第11表</td></tr>
</table>

【相談内容】

被相続人

相続開始日　令和3年4月10日

相続人①
（82歳，専業主婦）

　相続人②
（59歳）

　相続人③
（56歳）

〈相続財産（金額は相続税評価額）〉

・自宅土地　50,000千円

・自宅建物　10,000千円

・現金預金　100,000千円

・母名義の財産　20,000千（母の両親からの遺産であり，全額母の固有財産）

〈自宅不動産の居住状況〉

父と母の二人暮らし

〈相続人の要望〉

遺産分割で揉めることはないため，母の相続時の相続税も考慮した上で，相続税の税負担が抑えられるような遺産分割の提案をしてもらいたい。

1 税理士のアドバイス

二次相続シミュレーションを試算するに当たり，一次相続での小規模宅地等の特例の適用有無，二次相続での小規模宅地等の特例の適用有無，一次相続での配偶者居住権の設定有無により相続税の負担に違いが生じますので，想定し得る複数のパターンを提案します。

　本相談事例の場合には，下記4パターンの二次相続の税額シミュレーションを提案することとします。下記以外にも自宅不動産を母と子で共有する方法もありますが，紙面の都合上，割愛します。

> ⑴　一次相続で小規模宅地等の特例を適用し，二次相続で小規模宅地等の特例が適用できない場合
> ⑵　一次相続で小規模宅地等の特例を適用し，二次相続でも小規模宅地等の特例の適用ができる場合
> ⑶　一次相続で小規模宅地等の特例を適用しない場合（すなわち，一次相続で自宅不動産を子が相続する場合）
> ⑷　配偶者居住権を設定した場合

⑴　一次相続で小規模宅地等の特例を適用し，二次相続で小規模宅地等の特例が適用できない場合

（単位：千円）

母取得割合	一次相続税額	二次相続税額	合計	備考
0%	9,600	1,800	11,400	
10%	8,640	3,500	12,140	
20%	7,680	5,300	12,980	
30%	6,720	7,100	13,820	
40%	5,760	9,200	14,960	
50%	4,800	11,600	16,400	法定相続分
60%	3,840	14,000	17,840	
70%	2,880	16,600	19,480	
80%	1,920	20,200	22,120	
90%	960	23,800	24,760	
100%	0	27,400	27,400	

　二次相続で小規模宅地等の特例の適用ができない場合には，二次相続での相続税負担が重くなり，一次相続で母が取得する財産が少なければ少ないほど一次及び二次の相続税合計額を抑えられます。

⑵　一次相続で小規模宅地等の特例を適用し，二次相続でも小規模宅地等の特例の適用ができる場合

（単位：千円）

母取得割合	一次相続税額	二次相続税額	合計	備考
0%	9,600	0	9,600	
10%	8,640	0	8,640	
20%	7,680	200	7,880	
30%	6,720	1,400	8,120	
40%	5,760	2,900	8,660	
50%	4,800	4,700	9,500	法定相続分
60%	3,840	6,500	10,340	
70%	2,880	8,400	11,280	
80%	1,920	10,800	12,720	
90%	960	13,200	14,160	
100%	0	15,600	15,600	

　二次相続で小規模宅地等の特例の適用ができる場合には，一次相続において母が取得する割合が20％～30％程度のときに一次及び二次の相続税合計額を一番抑えることができます。

⑶　一次相続で小規模宅地等の特例を適用しない場合（すなわち，一次相続で自宅不動産を子が相続する場合）

（単位：千円）

母取得割合	一次相続税額	二次相続税額	合計	備考
0%	17,200	0	17,200	
10%	15,480	0	15,480	
20%	13,760	1,000	14,760	
30%	12,040	2,900	14,940	
40%	10,320	5,300	15,620	
50%	8,600	7,700	16,300	法定相続分
60%	6,880	10,800	17,680	
70%	5,160	14,000	19,160	
80%	3,440	17,800	21,240	
90%	1,720	22,600	24,320	
100%	0	27,400	27,400	

　一次相続において自宅不動産を直接子が相続する場合には小規模宅地等の特例の適用が受けられないため一次相続の相続税額の負担は重くなります。一方，二次相続での負担は抑えられるため，一次相続において母が取得する割合が20％～30％程度のときに一次及び二次の相続税合計額を一番抑えることができます。

⑷ 配偶者居住権を設定した場合

【前提】
配偶者居住権　4,000千円
建物所有権　6,000千円
配偶者居住権に係る敷地利用権　13,000千円
土地所有権　37,000千円
小規模宅地等の特例の適用金額　13,000千円×80%＝10,400千円

(単位：千円)

母取得割合	一次相続税額	二次相続税額	合計	備考
0%	14,860	0	14,860	
10%	13,374	0	13,374	
20%	11,888	132	12,020	
30%	10,402	1,628	12,030	
40%	8,916	3,686	12,602	
50%	7,430	5,930	13,360	法定相続分
60%	5,944	8,232	14,176	
70%	4,458	11,224	15,682	
80%	2,972	14,216	17,188	
90%	1,486	17,812	19,298	
100%	0	22,300	22,300	

　一次相続において配偶者居住権を設定した場合には，一次相続での小規模宅地等の特例適用額に制約が生じるため一次相続での相続税負担は重くなりますが，二次相続において配偶者居住権及び敷地利用権は減失するため二次相続での相続税負担は抑えられます。結果的に，一次相続において母が取得する割合が20%〜30%程度のときに一次及び二次の相続税合計額を一番抑えることができます。

⑸ 二次相続シミュレーション結果

　4パターンの試算の結果，一次相続及び二次相続で小規模宅地等の特例の適用ができた場合（上記⑵のパターン）において，一次相続における母の取得割合が20%とするときが，相続税負担を最小に抑えることができます。

　もちろん，二次相続で小規模宅地等の特例が適用できるかどうかは一次相続の遺産分割時点では分かりませんが，二次相続までの間に財産の増減がないことを前提にすると一次相続で自宅不動産を子供が相続するパターンや配偶者居住権を設定するパターンではなく，一次相続で母が自宅不動産を取得し，小規模宅地等の特例の適用を受けるパターンが二次相続を踏まえたとしても有利になることとなります。

配偶者居住権											
無									有		
一次相続での小規模宅地等の特例の適用											
有						無					
二次相続での小規模宅地等の特例の適用											
無			有								
母取得最有利割合　0%			母取得最有利割合　20%			母取得最有利割合　20%			母取得最有利割合　20%		
一次相続税	二次相続税	合計	一次相続税	二次相続税	合計	一次相続税	二次相続税	合計	一次相続税	二次相続税	合計
9,600	1,800	11,400	7,680	200	7,880	13,760	1,000	14,760	11,888	132	12,020

③ 相続税申告書等の記載例

　自宅不動産を母，それ以外の長男と長女で折半した場合の申告書記載例を確認していきましょう。

　本ケースの場合において申告書の記載方法について特質すべき論点はありませんが，仮に母に自宅不動産を取得し，小規模宅地等の特例を適用して，かつ，母の取得割合をゼロとしたいときは，母から子に対して小規模宅地等の特例の適用後の自宅土地及び建物の相続税評価額相当の代償金を支払うことで取得割合をゼロとすることが可能です。

相続税がかかる財産の明細書

（相続時精算課税適用財産を除きます。）

被相続人	父

第11表（令和2年4月分以降用）

○相続時精算課税適用財産の明細については、この表によらず第11の2表に記載します。

この表は、相続や遺贈によって取得した財産及び相続や遺贈によって取得したものとみなされる財産のうち、相続税のかかるものについての明細を記入します。

遺産の分割状況	区　　　分	1　全　部　分　割	2　一　部　分　割	3　全　部　未　分　割
	分　割　の　日	・　・	・　・	・　・

財　　産　　の　　明　　細							分割が確定した財産	
種　類	細　目	利用区分、銘柄等	所在場所等	数量 / 固定資産税評価額	単価 / 倍数	価　額	取得した人の氏名	取得財産の価額
土地	宅地			100	円	円	母	(持分1/1) 円
				(11・11の2表の付表1のとおり)		10,000,000		10,000,000
	(小計)					(10,000,000)		
〔計〕						〔 10,000,000〕		
家屋等	家屋等					10,000,000	母	10,000,000
〔計〕						〔 10,000,000〕		
現金、預貯金等	預貯金					100,000,000	長男	(持分1/2) 50,000,000
							長女	(持分1/2) 50,000,000
〔計〕						〔100,000,000〕		
〔合計〕						〔120,000,000〕		

合計表	財産を取得した人の氏名	(各人の合計)	母	長男	長女		
	分割財産の価額　①	120,000,000 円	20,000,000 円	50,000,000 円	50,000,000 円	円	円
	未分割財産の価額　②						
	各人の取得財産の価額（①＋②）　③	120,000,000	20,000,000	50,000,000	50,000,000		

(注)　1　「合計表」の各人の③欄の金額を第1表のその人の「取得財産の価額①」欄に転記します。
　　　2　「財産の明細」の「価額」欄は、財産の細目、種類ごとに小計及び計を付し、最後に合計を付して、それらの金額を第15表の①から㉝までの該当欄に転記します。

第11表（令2.7）　　　　　　　　　　　　　　　　　　　　　　　　　　（資4－20－12－1－A4統一）

16

配偶者の税額軽減額の計算書

| | 被相続人 | 父 |

私は、相続税法第19条の2第1項の規定による配偶者の税額軽減の適用を受けます。

1 一般の場合

この表は、①被相続人から相続、遺贈や相続時精算課税に係る贈与によって財産を取得した人のうちに農業相続人がいない場合又は②配偶者が農業相続人である場合に記入します。

| 課税価格の合計額のうち配偶者の法定相続分相当額 | （第1表の④の金額）
120,000,000円 × [配偶者の法定相続分] $\frac{1}{2}$ = 60,000,000円
上記の金額が16,000万円に満たない場合には、16,000万円 | → | ④※
160,000,000 円 |

配偶者の税額軽減額を計算する場合の課税価格	① 分割財産の価額 （第11表の配偶者の①の金額）	分割財産の価額から控除する債務及び葬式費用の金額		④ （②−③）の金額（②の金額が②の金額より大きいときは0）	⑤ 純資産価額に加算される暦年課税分の贈与財産価額（第1表の配偶者の⑤の金額）	⑥ （①−④＋⑤）の金額（⑤の金額より小さいときは⑤の金額）（1,000円未満切捨て）
		② 債務及び葬式費用の金額（第1表の配偶者の③の金額）	③ 未分割財産の価額（第11表の配偶者の②の金額）			
	20,000,000 円	円	円	円	円	20,000,000 円

| ⑦ 相続税の総額
（第1表の⑦の金額） | ⑧ ④の金額と⑥の金額のうちいずれか少ない方の金額 | ⑨ 課税価格の合計額
（第1表の④の金額） | ⑩ 配偶者の税額軽減の基となる金額（⑦×⑧÷⑨） |
| 9,600,000 円 | 20,000,000 円 | 120,000,000 円 | 1,600,000 円 |

| 配偶者の税額軽減の限度額 | （第1表の配偶者の⑨又は⑩の金額） （第1表の配偶者の⑫の金額）
（ 1,632,000 円 − 円） | ⑪
1,632,000 円 |

| 配偶者の税額軽減額 | （⑩の金額と⑪の金額のうちいずれか少ない方の金額） | ⑦
1,600,000 円 |

（注）⑦の金額を第1表の配偶者の「配偶者の税額軽減額⑬」欄に転記します。

2 配偶者以外の人が農業相続人である場合

この表は、被相続人から相続、遺贈や相続時精算課税に係る贈与によって財産を取得した人のうちに農業相続人がいる場合で、かつ、その農業相続人が配偶者以外の場合に記入します。

| 課税価格の合計額のうち配偶者の法定相続分相当額 | （第3表の④の金額）
,000円 × [配偶者の法定相続分] = 円
上記の金額が16,000万円に満たない場合には、16,000万円 | → | □※
円 |

配偶者の税額軽減額を計算する場合の課税価格	⑪ 分割財産の価額 （第11表の配偶者の①の金額）	分割財産の価額から控除する債務及び葬式費用の金額		⑭ （⑫−⑬）の金額（⑬の金額が⑫の金額より大きいときは0）	⑮ 純資産価額に加算される暦年課税分の贈与財産価額（第1表の配偶者の⑤の金額）	⑯ （⑪−⑭＋⑮）の金額（⑮の金額より小さいときは⑮の金額）（1,000円未満切捨て）
		⑫ 債務及び葬式費用の金額（第1表の配偶者の③の金額）	⑬ 未分割財産の価額（第11表の配偶者の②の金額）			
	円	円	円	円	※ 円	,000 円

| ⑰ 相続税の総額
（第3表の⑦の金額） | ⑱ □の金額と⑯の金額のうちいずれか少ない方の金額 | ⑲ 課税価格の合計額
（第3表の④の金額） | ⑳ 配偶者の税額軽減の基となる金額（⑰×⑱÷⑲） |
| 00 円 | 円 | ,000 円 | 円 |

| 配偶者の税額軽減の限度額 | （第1表の配偶者の⑩の金額） （第1表の配偶者の⑫の金額）
（ 円 − 円） | ⑦
円 |

| 配偶者の税額軽減額 | （⑳の金額と⑦の金額のうちいずれか少ない方の金額） | ○
円 |

（注）○の金額を第1表の配偶者の「配偶者の税額軽減額⑬」欄に転記します。

※ 相続税法第19条の2第5項（（隠蔽又は仮装があった場合の配偶者の相続税額の軽減の不適用））の規定の適用があるときには、「課税価格の合計額のうち配偶者の法定相続分相当額」の（第1表の④の金額）、⑥、⑦、⑨、「課税価格の合計額のうち配偶者の法定相続分相当額」の（第3表の④の金額）、⑯、⑰及び⑲の各欄は、第5表の付表で計算した金額を転記します。

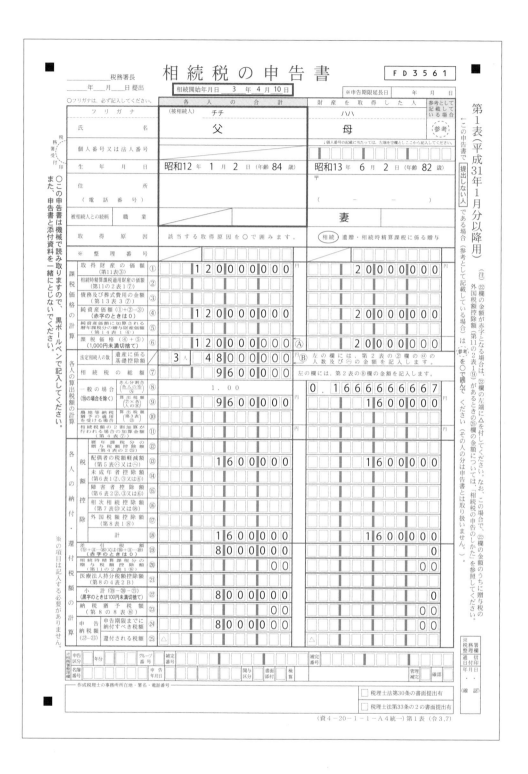

相 続 税 の 申 告 書

FD3561

相続開始年月日　3　年　4　月　10日

税務署長

____年__月__日 提出

※申告期限延長日　　年　　月　　日

第1表（平成31年1月分以降用）

○フリガナは、必ず記入してください。

		各　人　の　合　計	財産を取得した人	参考として記載している場合
フリガナ		（被相続人）　チチ	ハハ	（参考）
氏　　　名		父	母	
個人番号又は法人番号				
生　年　月　日		昭和12年 1 月 2 日（年齢84歳）	昭和13年 6 月 2 日（年齢82歳）	
住　　　所 （電話番号）			平（　　－　　　－　　　）	
被相続人との続柄　職業			妻	
取　得　原　因		該当する取得原因を○で囲みます。	相続 遺贈・相続時精算課税に係る贈与	

※　整理番号				
課税価格の計算	取得財産の価額（第11表③）	①	1 2 0 0 0 0 0 0 0 円	2 0 0 0 0 0 0 0 円
	相続時精算課税適用財産の価額（第11の2表1⑦）	②		
	債務及び葬式費用の金額（第13表3⑦）	③		
	純資産価額（①＋②－③）（赤字のときは0）	④	1 2 0 0 0 0 0 0 0	2 0 0 0 0 0 0 0
	純資産価額に加算される暦年課税分の贈与財産価額（第14表1④）	⑤		
	課税価格（④＋⑤）（1,000円未満切捨て）	⑥	1 2 0 0 0 0 0 0 0 Ⓐ	2 0 0 0 0 0 0 0
各人の算出税額の計算	法定相続人の数　遺産に係る基礎控除額	Ⓑ	3 人 4 8 0 0 0 0 0 0	左の欄には、第2表の②欄の回の人数及び⑥の金額を記入します。
	相続税の総額	⑦	9 6 0 0 0 0 0	左の欄には、第2表の⑧欄の金額を記入します。
	一般の場合（⑩の場合を除く）　あん分割合（各人の⑥）/Ⓐ	⑧	1 . 0 0	0 . 1 6 6 6 6 6 6 6 7
	算出税額（⑦×各人の⑧）	⑨	9 6 0 0 0 0 0 円	1 6 0 0 0 0 0 円
	農地等納税猶予の適用を受ける場合　算出税額（第3表⑧）	⑩		
	相続税額の2割加算が行われる場合の加算金額（第4表⑦）	⑪	円	円
各人の納付・還付税額の計算	暦年課税分の贈与税額控除額（第4表の2㉕）	⑫		
	配偶者の税額軽減額（第5表○又は○）	⑬	1 6 0 0 0 0 0	1 6 0 0 0 0 0
	未成年者控除額（第6表1②、③又は⑥）	⑭		
	障害者控除額（第6表2②、③又は⑥）	⑮		
	相次相続控除額（第7表⑬又は⑱）	⑯		
	外国税額控除額（第8表1⑧）	⑰		
	計	⑱	1 6 0 0 0 0 0	1 6 0 0 0 0 0
	差　引　税　額（⑨＋⑪－⑱）又は（⑩＋⑪－⑱）（赤字のときは0）	⑲	8 0 0 0 0 0 0	0
	相続時精算課税分の贈与税額控除額（第11の2表⑧）	⑳	0 0	0 0
	医療法人持分税額控除額（第8の4表2B）	㉑		
	小　計（⑲－⑳－㉑）（黒字のときは100円未満切捨て）	㉒	8 0 0 0 0 0 0	0
	納税猶予税額（第8の8表⑧）	㉓	0 0	0 0
	申告納税額（㉒－㉓）　申告期限までに納付すべき税額	㉔	8 0 0 0 0 0 0	0 0
	還付される税額	㉕	△	△

署税務署整理欄	申告区分	年分		グループ番号		補完番号		
	名簿番号		申告年月日		関与区分	書面添付	検算	管理補完 確認

作成税理士の事務所所在地・署名・電話番号

□ 税理士法第30条の書面提出有
□ 税理士法第33条の2の書面提出有

（資4－20－1－1－A4統一）第1表（令3.7）

18

相続税の申告書(続)

○フリガナは、必ず記入してください。

○この申告書は機械で読み取りますので、黒ボールペンで記入してください。

		財産を取得した人	参考として記載している場合	財産を取得した人	参考として記載している場合
フリガナ		チョウナン		チョウジョ	
氏 名		長男	(参考)	長女	(参考)
個人番号又は法人番号					
生 年 月 日		昭和36 年 10 月 12 日(年齢 59 歳)		昭和39 年 8 月 13 日(年齢 56 歳)	
住 所 (電話番号)		〒 (- -)		〒 (- -)	
被相続人との続柄	職業	長男		長女	
取 得 原 因		(相続) 遺贈・相続時精算課税に係る贈与		(相続) 遺贈・相続時精算課税に係る贈与	
※ 整 理 番 号					

				円		円
課税価格の計算	取得財産の価額 (第11表③)	①	50000000		50000000	
	相続時精算課税適用財産の価額 (第11の2表1⑦)	②				
	債務及び葬式費用の金額 (第13表3⑦)	③				
	純資産価額(①+②-③) (赤字のときは0)	④	50000000		50000000	
	純資産価額に加算される暦年課税分の贈与財産価額 (第14表1④)	⑤				
	課税価格(④+⑤) (1,000円未満切捨て)	⑥	50000000		50000000	
各人の算出税額の計算	法定相続人の数 遺産に係る基礎控除額					
	相続税の総額	⑦				
	一般の場合 (⑩の場合を除く) あん分割合(各人の⑥/A)	⑧	0.41666666667		0.41666666666	
		算出税額(⑦×各人の⑧)	⑨	4000000	円	4000000	円
	農地等納税猶予の適用を受ける場合	⑩				
	相続税額の2割加算が行われる場合の加算金額 (第4表⑦)	⑪		円		円
各人の納付・還付税額の計算	税額控除	暦年課税分の贈与税額控除額 (第4表の2⑤)	⑫				
		配偶者の税額軽減額 (第5表⑦又は⑧)	⑬				
		未成年者控除額 (第6表1②、③又は⑥)	⑭				
		障害者控除額 (第6表2②、③又は⑥)	⑮				
		相次相続控除額 (第7表⑬又は⑱)	⑯				
		外国税額控除額 (第8表1⑧)	⑰				
		計	⑱				
	差引税額(⑨+⑪-⑱)又は(⑩+⑪-⑱) (赤字のときは0)	⑲	4000000		4000000	
	相続時精算課税分の贈与税額控除額 (第11の2表⑨)	⑳	00		00	
	医療法人持分税額控除額 (第8の4表2B)	㉑				
	小 計(⑲-⑳-㉑) (黒字のときは100円未満切捨て)	㉒	4000000		4000000	
	納税猶予税額 (第8の8表⑧)	㉓	00		00	
	申告納税額	申告期限までに納付すべき税額(㉒-㉓)	㉔	4000000		4000000	
		還付される税額(㉒-㉓)	㉕	△		△	

税務署整理欄	申告区分	年分		グループ番号	補完番号		補完番号	
	名簿番号		申告年月日		管理補完	確認	検算	管理補完 確認

(資4-20-2-1-A4統一)第1表(続)(令3.7)

第1表(続)(平成31年1月分以降用)

この申告書で提出しない人(参考として記載している場合)は、「参考」を○で囲んでください。

(注)㉒欄の金額が赤字となる場合は、㉒欄の左端に△を付してください。なお、この場合で、㉒欄の金額のうちに贈与税の外国税額控除額(第11の2表⑨)があるときの㉕欄の金額については、「相続税の申告のしかた」を参照してください。(その人の分は申告書と第6表とは取り扱いません。)

<table>
<tr>
<td>ケース3</td>
<td>遺留分侵害額請求がされている場合</td>
<td>関連する申告書等
第11表
第11・11の2
表の付表1</td>
</tr>
</table>

【相談内容】

 被相続人

相続人①　　　　　　　　　　　　　　　　相続人②
（被相続人と同居）

〈遺産内容〉

自宅土地	1億円
月極駐車場用地	5,000万円
現預金	5,000万円

〈土地の状況〉

自宅土地…150㎡。母と長女が同居，長男には持家あり。

　　　　　長女が取得した場合のみ小規模宅地の特例の適用が可能。

月極駐車場用地…100㎡。相続開始3年以上前から貸付けを開始。

　　　　　長男，長女どちらが相続しても小規模宅地の特例の適用が可能。

〈長男からの要望〉

　遺言があり，被相続人から長女へ遺産の全てを相続させる旨の記載があったため，遺留分侵害額の請求の申立てを行っている。遺留分侵害額請求が行われている場合の申告の流れ，小規模宅地の特例の適用関係について教えてほしい。

1　税理士からのアドバイス

　遺留分侵害額請求がされている場合において，申告期限までに遺留分侵害額が確定していないときは，原則として，相続税法55条の未分割申告とはならず，遺言に記載された内容に基づいた申告をします。

　本件の場合には，全ての財産を長女が取得したものとして申告をし，長男には申

告義務はありません。その後，遺留分侵害額が確定した段階で長女は更正の請求，長男は期限後申告をすることとなります。

また，民法改正に伴い，遺留分侵害額の支払いは金銭で行うこととされていますが，金銭以外の資産を交付する代物弁済により遺留分侵害額を精算することも可能です。そのようなケースの申告内容を小規模宅地の特例の適用関係を含め下記で解説します。

②　遺留分について

遺留分とは，民法によって保障されている相続人が最低限の遺産を取得できる割合です。では，この遺留分は全ての相続人を対象として定められているのでしょうか？　民法では下記のように定められています。

（民法1028条）

兄弟姉妹以外の相続人は，遺留分として，次の各号に掲げる区分に応じてそれぞれ当該各号に定める割合に相当する額を受ける。

一　直系尊属のみが相続人である場合　被相続人の財産の３分の１

二　前号に掲げる場合以外の場合　被相続人の財産の３分の１

つまり，相続人が兄弟姉妹のみの場合，遺留分の請求はできません。

遺留分侵害額は各人の法定相続の財産額に遺留分を乗じて計算します。乗ずることとなる割合は具体的に下記表のようになります。なお，子や直系尊属が複数人いる場合には，乗ずることとなる割合をその人数で均等に分けることになります。

相続人	遺留分	乗ずることとなる割合
配偶者と子	１／２	配偶者１／４，子１／４
配偶者と直系尊属	１／２	配偶者２／６，直系尊属１／６
配偶者と兄弟姉妹	１／２	配偶者１／２，兄弟姉妹 無し
配偶者のみ	１／２	配偶者１／２
子のみ	１／２	子１／２
直系尊属のみ	１／３	直系尊属１／３
兄弟姉妹のみ	無し	無し

③　遺留分減殺請求権と遺留分侵害額請求権

令和元年７月１日より改正相続法が施行され，遺留分の請求についても改正が行われました。改正前の遺留分の請求権は「遺留分減殺請求権」と称されていましたが改正により「遺留分侵害額請求権」に変更となりました。主な改正内容は下記の

2点です。

(1) 遺留分権利者が有する権利の金銭債権化

改正前は遺留分減殺請求が行使されると遺産の共有が生じてしまうという問題が生じていましたが，改正後は遺留分侵害請求権を行使しても遺産は共有にならず，遺留分権利者が遺留分義務者に対して遺留分侵害額相当の金銭を請求することとなりました。

(2) 遺留分算定方法の明確化

遺留分の算定には相続人が受けた生前贈与や遺贈といった特別受益を加味することとなります。改正前にはその特別受益の持戻し期間は無制限とされていましたが，改正後は原則10年という期間が設けられました。これにより，10年超前にされた贈与等については原則として遺留分算定の基礎財産には含まれなくなりました。

4 遺留分侵害額請求権の行使期限について

遺留分侵害額請求権の期限は，下記のいずれか早い日までとなります。

☑相続の開始及び遺留分を侵害する贈与又は遺贈があったことを知った日から１年

☑相続開始の時から10年

相続税申告を担当する税理士としては，相談者が受遺者・受贈者（遺留分侵害額請求をされた側）であるケース，遺留分権利者（遺留分侵害額請求をした側）であるケース，その両方であるケースなどを想定し，それぞれの立場における法務的な期限や税務的な期限を適切に把握しておく必要があります。

5 遺留分侵害額確定前の申告書の提出について

遺留分侵害額請求がされている場合において，遺留分の金額が確定していない状況で申告期限を迎えたときであっても，当初申告において未分割申告とはしません。したがって，受遺者及び受贈者も遺留分権利者も遺言通りの内容で相続税申告を行います。

当初申告を未分割申告として行うのかどうかについては税理士であっても勘違いが多く，未分割申告をしてしまったがために遺留分侵害額確定後の申告において小規模宅地等の特例の適用ができず，納税者から訴えられた裁判例（東京地方裁判所

平成30年2月19日判決）も存在します。

6 遺留分侵害額確定後の申告パターンについて

　ここでは，遺留分侵害額請求額が申告期限後と期限前に確定した場合について，それぞれのパターンに分けて申告の内容を解説します。

　先にも述べたように，遺留分侵害額の支払いは金銭でのみ行うことになったため，仮に侵害額の精算を土地などの金銭以外の資産で行った場合には，所得税申告の必要も出てきます。そのため，確定申告が必要かどうかについても触れていきます。

　今回のケースでは遺産総額が2億円，長男の遺留分は5,000万円（2億円×4分の1）となります。

(1) 申告期限後に遺留分が確定し，長女から長男に5,000万円の金銭を交付した場合

① 当初申告

（ⅰ）長女

　遺言の内容通り全ての財産を長女が取得するものとして相続税申告を行います。また，自宅用地，月極駐車場用地どちらについても小規模宅地の特例の適用が可能となります。

（ⅱ）長男

　遺言により財産を一切取得していないため，当初申告において相続税の申告義務は生じません。つまり，長男は遺留分が確定するまで申告に関する手続の必要がありません。

② 遺留分確定後の申告

（ⅰ）長女（相続税の更正の請求）

　長女から長男へ遺留分侵害額として現金を5,000万円支払ったものとし，当初申告の課税価額から長男に交付した5,000万円を控除した金額で更正の請求を行います。請求の期限は，遺留分侵害額の確定を知った日の翌日から4か月以内になります。

　遺留分侵害額の支払請求の基因となった財産につき，相続開始時の相続税評価額と時価とに乖離がある場合には，相続税法基本通達11の2－10に準じて一定の調整計算が可能となります。

　具体的には，遺留分侵害額の支払請求の基因となった遺贈に係る財産が特定され，

かつ，その財産の相続開始の時における通常の取引価額を基として当該遺留分侵害額が決定されているときの長女の課税価格から控除する遺留分侵害額は，次の算式により計算した金額となります。

（算式）	
遺留分侵害額 ×	遺留分侵害額の支払の請求の基因となった遺贈に係る財産の相続開始の時における価額（相続税評価額）
	遺留分侵害額の支払の請求の基因となった遺贈に係る財産の遺留分侵害額の決定の基となった相続開始の時における価額（時価）

共同相続人及び包括受遺者（遺留分義務者を含む）の全員の協議に基づいて，上記の方法に準じた方法又は他の合理的と認められる方法によりその遺留分侵害額に相当する価額を計算して申告する場合は，その申告した額として差し支えありません。

(ii) 長女（所得税の確定申告）

遺留分を金銭で交付した場合には，譲渡所得の課税関係は発生しません。

(iii) 長男

長女から交付を受けた5,000万円の遺産を取得したものとして，相続税の期限後申告を行います。

また，期限後申告ではありますが，この場合，無申告加算税や延滞税はかかりません。

(2) 申告期限後に遺留分が確定し，長女から長男に月極駐車場用地5,000万円を交付した場合

① 当初申告

(i) 長女

遺言の内容通り，すべての財産を長女が取得するものとして相続税申告を行います。また，自宅用地，月極駐車場用地どちらにも小規模宅地の特例の適用が可能となります。

(ii) 長男

遺言により財産を一切取得していないため，当初申告において相続税の申告義務は生じません。

② 遺留分確定後の申告

(i) 長女（相続税の更正の請求）

　当初申告の課税価格から長男に交付した5,000万円を代償金としてマイナスした金額で更正の請求をします。

　実際に長男へ交付するのは月極駐車場用地ですが，あくまで遺言により相続で月極駐車場用地を取得したのは長女のため，更正の請求においても月極駐車場用地は長女に帰属するものとして相続税を計算します。したがって，遺留分確定後の申告をする際も月極駐車場用地の小規模宅地等の特例の適用を受けるのは長女です。

　最終的に長男に月極駐車場用地は譲渡されるため，長女は月極駐車場用地を取得していません。しかし，申告期限後に当該土地を長男に交付しているため，申告期限までの保有継続要件を満たし，更正の請求時においても小規模宅地等の特例を適用できるのです。なお，更正の請求の期限は，遺留分確定を知った日の翌日から4か月以内です。

(ii) 長女（譲渡所得の確定申告）

　長女は長男に5,000万円相当で月極駐車場用地を譲渡したと考えるため，譲渡所得税の確定申告が必要です。また，相続税の申告期限から3年以内に譲渡しているため，譲渡価額に長女が納付した相続税の金額を一部加算することのできる取得費加算の特例も適用可能になります。

(iii) 長男

　長女から交付を受けた5,000万円の遺産を取得したものとして相続税の期限後申告をします。

　実際には月極駐車場用地を取得していますが，遺留分侵害請求額の支払は金銭で行うという定めがあるため，相続税申告においては5,000万円の金銭を取得したものとして相続税の期限後申告をします。

　なお，長男は月極駐車場用地を相続により取得したのではなく，代物弁済という相続ではない取引により取得しているため，当該土地について小規模宅地等の特例は適用できません。

7　相続税申告書等の記載例

　次に前述の申告パターンごとに，申告書の第11表，第11表の付表1の記載内容について図を使用しながら解説していきます。

(1) 申告期限後に遺留分が確定し，長女から長男に5,000万円の金銭を交付した場合

① 当初申告

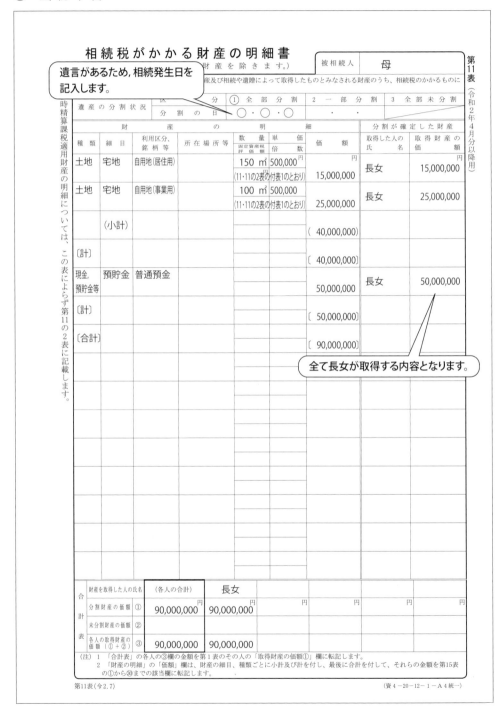

小規模宅地等についての課税価格の計算明細書

FD3549

被相続人	母

この表は、小規模宅地等の特例（租税特別措置法第69条の4第1項）の適用を受ける場合に記入します。
なお、被相続人から、相続、遺贈又は相続時精算課税に係る贈与により取得した財産のうちに、「特定計画山林の特例」の対象となり得る財産又は「個人の事業用資産についての相続税の納税猶予及び免除」の対象となり得る宅地等その他一定の財産がある場合には、第11・11の2表の付表2を、「特定事業用資産の特例」の対象となり得る財産がある場合には、第11・11の2表の付表2の2を作成します（第11・11の2表の付表2又は付表2の2を作成する場合には、この表の「1 特例の適用にあたっての同意」欄の記入を要しません。）。
（注）この表の1又は2の各欄に記入しきれない場合には、第11・11の2表の付表1（続）を使用します。

○この申告書は機械で読み取りますので、黒ボールペンで記入してください。

1 特例の適用にあたっての同意

この欄は、小規模宅地等の特例の対象となり得る宅地等を取得した全ての人の氏名を記入します。

（吹き出し）不動産の取得者である長女を記載します。

私（私たち）は、「2 小規模宅地等の明細」の⑤欄で選択した宅地等又はその一部（「2 小規模宅地等の明細」の⑤欄で選択した宅地等）の全てが限度面積要件を満たすものであることを確認の上、その取得者が小規模宅地等の特例の適用を受けることに同意します。

氏名	長女			

（注）小規模宅地等の特例の対象となり得る宅地等を取得した全ての人の同意がなければ、この特例の適用を受けることはできません。

2 小規模宅地等の明細

この欄は、小規模宅地等の特例の対象となり得る宅地等を取得した人のうち、その特例の適用を受ける人が選択した小規模宅地等の明細等を記載し、相続税の課税価格に算入する価額を計算します。

「小規模宅地等の種類」欄は、選択した小規模宅地等の種類に応じて次の1～4の番号を記入します。
小規模宅地等の種類：1 特定居住用宅地等、2 特定事業用宅地等、3 特定同族会社事業用宅地等、4 貸付事業用宅地等

選択した小規模宅地等	小規模宅地等の種類 1～4の番号を記入します。	① 特例の適用を受ける取得者の氏名 〔事業内容〕 ② 所在地番 ③ 取得者の持分に応ずる宅地等の面積 ④ 取得者の持分に応ずる宅地等の価額	⑤ ③のうち小規模宅地等（限度面積要件）を満たす宅地等）の面積 ⑥ ④のうち小規模宅地等（④×⑨分）の価額 ⑦ 課税価格の計算に当たって減額される金額（⑥×⑨） ⑧ 課税価格に算入する価額（④－⑦）
	1	① 長女 〔 〕	⑤ 150 . ㎡
		②	⑥ 7 5 0 0 0 0 0 0 円
		③ 150 . ㎡	⑦ 6 0 0 0 0 0 0 0 円
		④ 7 5 0 0 0 0 0 0 円	⑧ 1 5 0 0 0 0 0 0 円
	4	① 長女 〔 〕	⑤ 100 . ㎡
		②	⑥ 5 0 0 0 0 0 0 0 円
		③ 100 . ㎡	⑦ 2 5 0 0 0 0 0 0 円
		④ 5 0 0 0 0 0 0 0 円	⑧ 2 5 0 0 0 0 0 0 円
		① 〔 〕	⑤ . ㎡
		②	⑥ 円
		③ . ㎡	⑦ 円
		④ 円	⑧ 円

（吹き出し）自宅用地について特定居住用宅地等、駐車場用地について貸付事業用宅地等を選択します。

...である場合に、相続開始の直前にその宅地等の上で行われ...などのように具体的に記入します。
...地である場合において、その評価額の計算上「賃貸割合」が1でない...
...者居住権の目的となっている建物の敷地の用に供される宅地等で...

4 ⑧欄の金額を第11表の「財産の明細」の「価額」欄に転記します。

○ 「限度面積要件」の判定

上記「2 小規模宅地等の明細」の⑤欄で選択した宅地等の全てが限度面積要件を満たすものであることを、この表の各欄を記入することにより判定します。

小規模宅地等の区分	被相続人等の居住用宅地等	被相続人等の事業用宅地等		
小規模宅地等の種類	1 特定居住用宅地等	2 特定事業用宅地等	3 特定同族会社事業用宅地等	4 貸付事業用宅地等
⑨ 減額割合	80/100	80/100	80/100	50/100
⑩ ⑤の小規模宅地等の面積の合計	150 ㎡	㎡	㎡	100 ㎡
⑪ 限度面積 小規模宅地等のうちに4貸付事業用宅地等がない場合	1の⑩の面積 ≦330㎡	2の⑩及び3の⑩の面積の合計 ≦400㎡		
⑪ 限度面積 小規模宅地等のうちに4貸付事業用宅地等がある場合	1の⑩の面積 150 ㎡×200/330 +	2の⑩及び3の⑩の面積の合計 ㎡×200/400 +		4の⑩の面積 100 ㎡ ≦200㎡

※の項目は記入する必要がありません。

（注）限度面積は、小規模宅地等の種類（「4 貸付事業用宅地等」の選択の有無）に応じて、⑪欄（イ又はロ）により判定を行います。「限度面積要件」を満たす場合に限り、この特例の適用を受けることができます。

※ 税務署整理欄	年分		名簿番号				申告年月日				一連番号		グループ番号			補完

第11・11の2表の付表1（令3.7）　　　　　　　　　　　　　　　　　　　　（資4-20-12-3-1-A4統一）

② 遺留分確定後の申告

第11表の付表1（小規模宅地の特例に関する付表）については，①と同じく，長女が取得する不動産について，特定居住用宅地等及び貸付事業用宅地等の特例の適用内容を記載します。

相続税がかかる財産の明細書
（相続時精算課税適用財産を除きます。）

被相続人　母

第11表（令和2年4月分以降用）

この表は，相続や遺贈によって取得した財産及び相続や遺贈によって取得したものとみなされる財産のうち，相続税のかかるものについての明細を記入します。

○相続時精算課税適用財産の明細については，この表によらず第11の2表に記載します。

遺産の分割状況	区　分	① 全部分割	2 一部分割	3 全部未分割
	分割の日	・　・	・　・	・　・

財産の明細							分割が確定した財産	
種類	細目	利用区分、銘柄等	所在場所等	数量 / 固定資産税評価額	単価 / 倍数	価額	取得した人の氏名	取得財産の価額
土地	宅地	自用地（居住用）		150 ㎡	500,000円	円	長女	円
				(11・11の2表の付表1のとおり)		15,000,000		15,000,000
土地	宅地	自用地（事業用）		100 ㎡	500,000		長女	
				(11・11の2表の付表1のとおり)		25,000,000		25,000,000
	（小計）					(40,000,000)		
〔計〕						〔 40,000,000〕		
現金，預貯金等	預貯金	普通預金				50,000,000	長女	50,000,000
〔計〕						〔 50,000,000〕		
その他の財産	遺留分侵害額					△50,000,000	長女	△50,000,000
						50,000,000		
							長男	50,000,000
	（小計）					(0)		
〔計〕						〔 0〕		
〔合計〕						〔 90,000,000〕		

長女から長男へ交付した遺留分侵害額を記載します。

合計表	財産を取得した人の氏名	（各人の合計）	長男	長女			
	分割財産の価額 ①	90,000,000円	50,000,000円	40,000,000円	円	円	円
	未分割財産の価額 ②						
	各人の取得財産の価額（①＋②）③	90,000,000	50,000,000	40,000,000			

（注）1　「合計表」の各人の③欄の金額を第1表のその人の「取得財産の価額①」欄に転記します。
　　　2　「財産の明細」の「価額」欄は，財産の細目，種類ごとに小計及び計を付し，最後に合計を付して，それらの金額を第15表の①から㉝までの該当欄に転記します。

第11表（令2.7）　　　　　　　　　　　　　　　　　　　（資4－20－12－1－A4統一）

(2) 申告期限後に遺留分が確定し，長女から長男に月極駐車場用地5,000万円を交付した場合

① 当 初 申 告

第11表は，(1)①と同じく，全て長女が取得するものとして記載します。

そして，第11表の付表 1 （小規模宅地の特例に関する付表）についても，(1)①と同じく，長女が取得する不動産について，特定居住用宅地等及び貸付事業用宅地等の特例の適用内容を記載します。

② 遺留分確定後の申告

第11表は，(1)②と同じく，長女から長男へ遺留分侵害額5,000万円を交付したものとして記載します。

そして，第11表の付表 1 （小規模宅地の特例に関する付表）については，前項で触れましたが，実際に長男へ交付するのは月極駐車場用地ですが，あくまで遺言により相続で月極駐車場用地を取得したのは長女のため，遺留分確定後の申告においても月極駐車場用地は長女に帰属するものとして貸付事業用宅地等の特例の適用が可能になります。

したがって，住宅用地及び駐車場用地のいずれについても小規模宅地の特例の適用がされるため，(1)②の記載内容と同様になります。

8 ま と め

遺留分については，請求できる相続人に範囲が設けられていたり，遺留分侵害額確定前の当初申告を未分割申告で行ってしまった場合のリスク，請求額の支払を金銭以外で行った場合の所得税申告への波及など，申告の際に考慮すべきことが少なくない論点です。クライアントへ誤った提案をしないよう注意が必要です。

<table>
<tr><td>ケース4</td><td>配偶者居住権を設定する
場合</td><td>関連する申告書等
配偶者居住権の
評価明細書
第11表
第11・12の２表
の付表１</td></tr>
</table>

【相談内容】

被相続人　父　　　　　　　　　　　　　母　相続人①
　　　　　　　　　　　　　　　　　　　　　（被相続人と同居）
・一次相続開始日
　令和３年１月20日

・昭和25年１月１日生まれ
　（71歳）
・固有財産：金融資産３億円

長
男　相続人②
　　（被相続人と別居，生計別）

・分割協議日：令和３年10月25日

〈相続財産〉
・自宅の敷地の相続税評価額：３億円
・自宅の家屋の相続税評価額：2,000万円
・自宅の地積：300㎡
・建物の建築年月日：平成27年６月10日
・建物の構造：金属造
・骨格材の厚み：３ミリ超〜４ミリ以下
・配偶者居住権の存続期間：終身

〈相続人の要望〉
・母の財産が多額であるため，二次相続まで考慮した，相続税をできるだけ抑えられる分割提案をしてもらいたい。
・母は父死亡後も現在の居宅に亡くなるまで住み続けたい。

１　税理士のアドバイス

　配偶者居住権を設定する場合には，一次相続の相続税だけでなく，二次相続も含めた相続税を試算する必要があります。

　本稿では，配偶者居住権を設定した場合の評価方法，小規模宅地等の特例の適用金額及び相続税申告書・配偶者居住権等の評価明細書の記載方法等について解説し

ます。

相続人の要望から，下記の2つのケースを例に検討していきます。

⑴ ケース①

一次相続では自宅について配偶者居住権を設定し，配偶者居住権付建物の所有権及びその敷地の所有権は長男が取得すると，母が取得した敷地利用権につき小規模宅地等の特例の適用が可能となります。母が亡くなった二次相続においては，配偶者居住権と敷地利用権が消滅し，完全なる土地建物の所有権を長男が有することとなります。

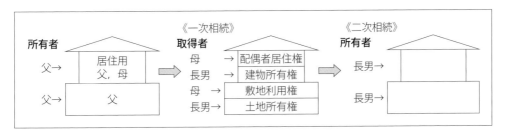

⑵ ケース②

一次相続では自宅の土地建物を母が取得し，小規模宅地等の特例を適用します。

母が亡くなった二次相続においては，長男は家なき子に該当するので，小規模宅地等の特例を適用します。

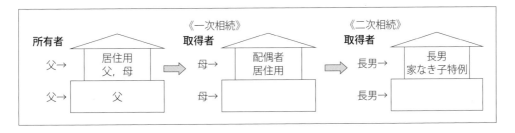

② 配偶者居住権とは

配偶者居住権とは，残された配偶者が被相続人の死亡時に住んでいた建物を，亡くなるまで又は一定の期間，無償で使用することができる権利です。

配偶者居住権は，配偶者が住んでいた建物に対する権利であり，賃借権に類似する法定債権とされています。

3 配偶者居住権の成立要件

配偶者居住権の成立要件は下記の3つとなります。

① 亡くなった人の配偶者であること

② その配偶者が亡くなった人が所有していた建物に亡くなったときに居住していたこと

③ 遺産分割，遺贈，死因贈与，家庭裁判所の審判により取得したこと

配偶者居住権は，成立要件を満たしていれば権利として発生しますので登記が効力要件ではありません。ただし，配偶者居住権を登記しないと善意の第三者に対抗することができません。したがって，配偶者居住権を設定した場合には早めに登記をすべきでしょう。

4 配偶者居住権の相続税評価

(1) 配偶者居住権の評価方法

配偶者居住権は下記の算式に基づいて計算します。

$$\text{居住用建物の時価①} - \text{居住用建物の時価} \times \frac{\text{耐用年数②} - \text{経過年数③} - \text{存続年数④}}{\text{耐用年数} - \text{経過年数}} \times \text{存続年数に応じた法定利率による複利現価率⑤}$$

① 居住用建物の時価

これは相続税評価上の時価，すなわち固定資産税評価額となります。固定資産税の課税明細書に記載されている「価額」，「評価額」をそのまま使用します。なお貸付け，共有があった場合には一定の調整が必要となります。今回は全て居住用ですので2,000万円となります。

② 耐用年数

耐用年数は所得税の法定耐用年数に1.5を乗じた年数（6月以上の端数は1年とし，6月に満たない端数は切り捨てます）を採用します。具体的には建物の構造に応じて下記の通りとなります。

構　　造	耐用年数省令に定める耐用年数	配偶者居住権等の評価で用いる耐用年数
鉄骨鉄筋コンクリート造又は鉄筋コンクリート造	47	71
れんが造，石造又はブロック造	38	57
金属造（骨格材の肉厚が４ミリメートルを超えるものに限る。）	34	51
金属造（骨格材の肉厚が３ミリメートルを超え４ミリメートル以下のものに限る。）	27	41
金属造（骨格材の肉厚が３ミリメートル以下のものに限る。）	19	29
木造又は合成樹脂造	22	33
木骨モルタル造	20	30

（国税庁ホームページ　配偶者居住権等の評価で用いる建物の構造別の耐用年数）

今回のケースでは，建物の構造が，「金属造，骨格材の厚み３ミリ超～４ミリ以下」ですので，耐用年数は41年となります。

③　経過年数

経過年数は，新築時から配偶者居住権設定時までの年数（６月以上の端数は１年とし，６月に満たない端数は切り捨てます）をいいます。

あくまで設定時までの年数であり，相続開始時までの年数ではないため注意が必要です。今回は，新築時の平成27年６月10日から分割協議日の令和３年10月25日となります（６年４か月→６年）。

また，相続開始前に増改築があったとしてもその増改築は無視して新築時からの経過年数を把握してください。

④　存続年数

存続年数は，配偶者居住権設定時から終了時までの年数を指します。

遺産分割等で配偶者居住権の終了時を定めていればその日までの年数です。今回は，配偶者の終身までとしていますので，その場合にはその配偶者の平均余命（６月以上の端数は切上げ，６月未満の端数は切捨ての年数）を採用します。

平均余命は完全生命表で算定するものとされ，配偶者居住権が設定されたときの属する年の１月１日現在において公表されている最新のものによります。

母の分割協議日時点の年齢は71歳です。国税庁ホームページの「第22回生命表（完全生命表）に基づく平均余命」に基づき，平均余命は18.99歳，６月以上は切上げとなりますので存続期間は19年となります。

⑤ 存続年数に応じた法定利率による複利現価率

上記④の存続年数に応じた複利現価率を参照します。なお，2020年4月1日以降の法定利率は3％ですが，この法定利率は3年毎に見直されることとなっていますので注意してください。

今回の複利現価率は0.570となります。

以上の数値を算式に当てはめると，配偶者居住権の評価は以下となります。

$$2{,}000万円 - 2{,}000万円 \times \frac{41年 - 6年 - 19年}{41年 - 6年} \times 0.57 = 1{,}478万8{,}571円$$

⑵ 建物の所有権の評価

建物の時価から配偶者居住権を控除して求めます。

今回は，「2,000万円－1,478万8,571円＝521万1,429円」となります。

⑶ 敷地利用権の評価

下記の算式により求めます。

今回は，「3億円－3億円×0.57＝1億2,900万円」となります。

$$\boxed{\begin{array}{ccc} \text{居住用建物の} \\ \text{敷地の時価} \end{array} - \begin{array}{ccc} \text{居住用建物の} \\ \text{敷地の時価} \end{array} \times \begin{array}{ccc} \text{存続年数に応じた法定利率} \\ \text{による複利現価率} \end{array}}$$

⑷ 居住用建物の土地等の所有権の評価

建物同様，土地の時価から敷地利用権を控除して求めます。

今回は，「3億円－1億2,900万円＝1億7,100万円」となります。

5 小規模宅地等の特例の適用範囲

⑴ ケース①

母が取得した敷地利用権について小規模宅地等の特例の適用が可能です。

〈小規模宅地等の特例の適用額〉
敷地利用権評価額1億2,900万円×80％＝1億320万円

⑵　ケース②

　母が取得した土地全体につき小規模宅地等の特例の適用が可能です。

> 〈小規模宅地等の特例の適用額〉
> 土地評価額 3 億円×80％＝ 2 億4,000万円

6　配偶者居住権等の評価明細書・申告書等の記載例

　評価明細書・申告書等の記載例は次の通りです。ケース②についての記載方法については，一般的な内容であるため割愛します。

(1) 配偶者居住権等の評価明細書

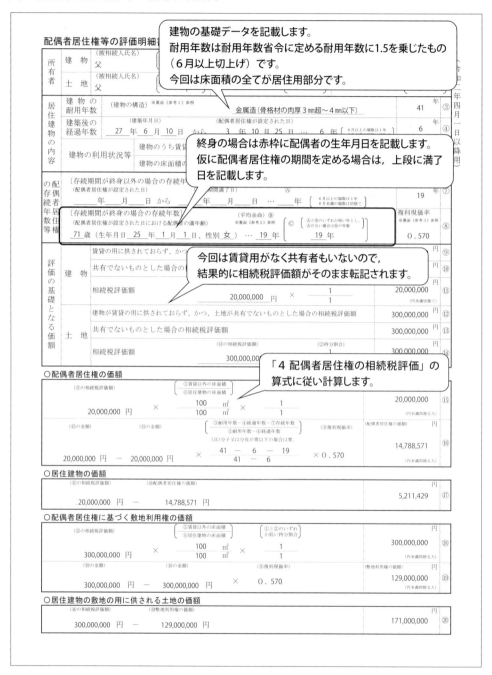

(2) 申告書の記載例

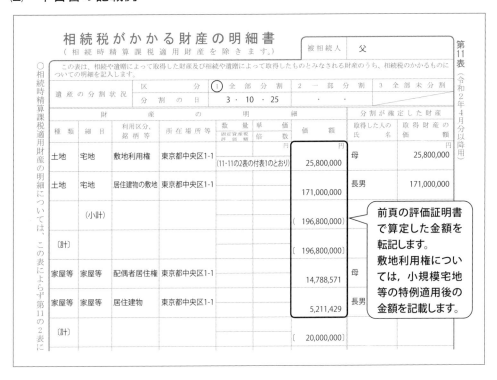

相続税がかかる財産の明細書
(相続時精算課税適用財産を除きます。)

被相続人 父

第11表（令和2年4月分以降用）

前頁の評価証明書で算定した金額を転記します。
敷地利用権については，小規模宅地等の特例適用後の金額を記載します。

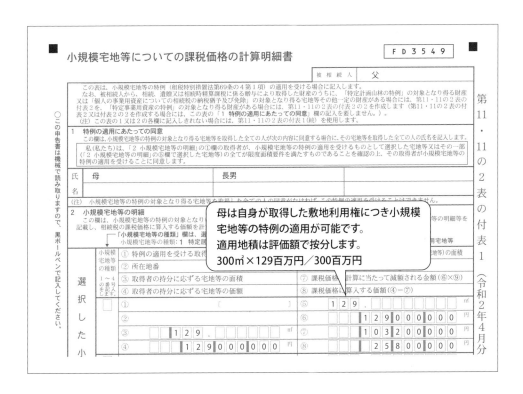

小規模宅地等についての課税価格の計算明細書　　FD3549

被相続人　父

第11・11の2表の付表1（令和2年4月分）

母は自身が取得した敷地利用権につき小規模宅地等の特例の適用が可能です。
適用地積は評価額で按分します。
300㎡×129百万円／300百万円

7 税額シミュレーション

　ここでは，一次相続・二次相続で財産の変動がないものとして計算します。

⑴　ケース①

　一次相続は土地建物の所有権を長男が取得し，母が取得した敷地利用権について小規模宅地等の特例を適用し，税額の合計は3,124万2,900円となりました。

　二次相続では，一次で配偶者が取得した配偶者居住権，敷地利用権は評価しないため，母の財産に計上するものは，母の固有財産3億円のみです。相続人は1人ですので，相続税額は9,180万円となり，一次相続と二次相続をあわせた相続税額の合計は1億2,304万2,900円となりました。

⑵　ケース②

　一次相続では，配偶者が全ての土地建物を取得したため，小規模宅地等の特例を適用し，配偶者の税額軽減を適用し，相続税は0円です。

　二次相続では，自宅の土地建物3億2,000万円，母の固有財産3億円の合計6億2,000万円が相続財産となります。相続人が1人であり，長男が家なき子で小規模宅地等の特例を適用し，「固有財産3億円＋土地建物8,000万（小宅適用後：土地3億円－2億4,000万円＝6,000万円，家屋2,000万円）＝3億8,000万円」となり，相続税は1億3,000万円になります。

⑶　比　較　表
①　1次相続の相続税額

	ケース①	ケース②
財産合計(※)	216,800,000	80,000,000
相続税総額	38,439,400	4,700,000
配偶者の税額軽減	▲7,196,428	▲4,700,000
相続税額	31,242,900	0

②　2次相続の相続税額

	ケース①	ケース②
財産合計(※)	300,000,000	380,000,000
相続税額	91,800,000	130,000,000

（※）財産合計は小規模宅地等の特例適用後の金額

③　１次相続・２次相続をあわせた相続

	ケース①	ケース②
１次相続の相続税	31,242,900	0
２次相続の相続税	91,800,000	130,000,000
相続税合計	123,042,900	130,000,000

　配偶者居住権を設定したケース①の方が，ケース②に比べ700万円近く相続税を減額できています。

8　ま　と　め

　配偶者居住権は二次相続において相続財産に含まれないため，全てのケースで相続税の節税になると思われがちですが，二次相続の発生時期や小規模宅地等の特例の適用如何によっては，配偶者居住権を設定しない方が相続税を抑えられる可能性もあります。納税者に各種パターンを適切に提示して配偶者居住権の設定有無を判断してもらわなければなりません。

　また，配偶者居住権は税金以外にも譲渡禁止等のデメリットも存在しますので，税金以外の留意点も適切に説明しておく必要があります。

<table>
<tr><td rowspan="2">ケース5</td><td rowspan="2"># 未分割申告の場合</td><td>関連する申告書等</td></tr>
<tr><td>第1表
第9表
第11表</td></tr>
</table>

【相談内容】

被相続人
（享年82歳）
相続開始日　令和3年12月5日

母
相続人
（79歳）

長男
相続人
（57歳）

長女
相続人
（56歳）

二男
相続人
（53歳）

遺産分割争い

〈相続財産（金額は相続税評価額）〉

　自宅土地　　100,000千円

　自宅建物　　　10,000千円

　現金預金　　100,000千円

　死亡保険金　　50,000千円（内訳：受取人母30,000千円，受取人次男20,000千円）

〈相続放棄〉

　相続人のうち二男が家庭裁判所にて相続放棄の手続きをした。

〈遺産分割〉

　母，長男，長女で遺産分割争いがあり，相続税の申告期限（令和4年10月5日）までに遺産分割協議が整わなかった。

1　税理士のアドバイス

　相続税の申告期限までに遺産分割が確定しない場合には，相続税法55条に規定する未分割申告をする必要があります。遺産分割が確定しなかったからといって相続税の申告や納付が不要になるわけではないため注意が必要です。この未分割申告においては，配偶者の税額軽減（相法19の2）や小規模宅地等の特例（措法69の4）

などの一部の特例の適用ができないため，分割が確定した申告に比べ相続税の負担が重くなる傾向にあります。

　なお，未分割申告後に遺産分割が確定した場合には，その遺産分割協議に基づいた内容で修正申告又は更正の請求を実施することとなりますが，その際に配偶者の税額軽減，小規模宅地等の特例などの特例も適用可能となります。本稿では，申告期限までに遺産分割が整わなかった場合の相続税申告，いわゆる，未分割申告についての留意点及び相続税申告書の記載方法等について解説します。

2　未分割申告案件の一連の流れ

(1)　準確定申告

　相続案件を受任した場合に，税金手続きで一番はじめに行う手続きが被相続人の所得税の準確定申告となります。その相続の開始があったことを知った日の翌日から4か月を経過した日の前日までに準確定申告書を提出することになります。未分割申告案件の場合には，準確定申告書に係る納付又は還付も負担者又は取得者が決まってないと思いますので，法定相続分等にて申告することになります。

　また，国外転出時課税制度の適用対象となる案件については，この準確定申告書の手続きが煩雑になりますので早い段階で適用対象になるかどうかの確認が必須となります。

(2)　未分割による相続税申告

　相続又は包括遺贈により取得した財産にかかる相続税について申告書を提出する場合において，その取得した財産の全部又は一部が共同相続人又は包括受遺者によってまだ分割されていないときは，その分割されていない財産については，民法（904の2（寄与分）を除く）の規定による相続分又は包括遺贈の割合に従ってその財産を取得したものとして相続税の計算をします（相法55）。なお，民法（904の2（寄与分）を除く）の規定による相続分とは，民法900条（法定相続分），民法901条（代襲相続分），民法902条（遺言による指定相続分），民法903条（特別受益者の相続分）の相続分を指します（相基通55－1）。寄与分が除かれている理由としては，遺産が未分割である状況で具体的に寄与分が判明しているケースはほぼ考えられないためです。

　また，なぜこのような未分割での申告が必要になるかですが，仮に遺産が分割されていない限り相続税の課税ができないとすると，遺産分割を恣意的に遅延して相続税の課税を遅らせることができることになり，早期に分割した者とそうでない者

との間で相続税負担についての不公平が生じることとなるためです。

　前述の通り，未分割申告の場合には，配偶者の税額軽減や小規模宅地等の特例など一部の特例の適用ができません。したがって，未分割申告案件は一時的に多額の相続税が発生する可能性があるため，納税資金が必要となる旨を早めに顧客にアナウンスする必要があります。なお，当該特例を遺産分割確定後に適用する場合には，「申告期限後3年以内の分割見込書」（以下「分割見込書」）を未分割申告時に添付する必要があります。

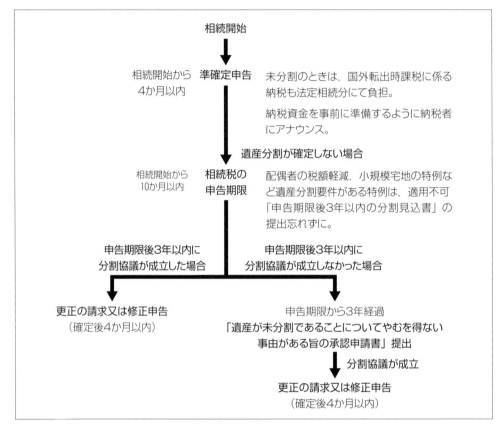

(3)　申告期限後3年以内に遺産分割協議等が成立した場合

　相続税の申告期限後3年以内に遺産分割協議等が成立した場合において，当初申告と相続税額が異なるときは，更正の請求又は修正申告をすることができます（相法31①，32①）。なお，この場合の更正の請求には期限が設けられていて，遺産分割等確定の事由が生じたことを知った日の翌日から4か月以内となります。

(4)　申告期限後3年以内に分割協議等が成立しなかった場合

　相続税の申告期限後3年以内に遺産分割協議等が成立しなかった場合において，

成立しなかったことにつきやむを得ない事情があるときは，「遺産が未分割であることについてやむを得ない事由がある旨の承認申請書」（以下「承認申請書」）を税務署長に提出し，税務署長の承認を受けた場合に限り，配偶者の税額軽減や小規模宅地等の特例の適用が可能となります。この承認申請書の提出期限は，申告期限後3年を経過する日の翌日から2か月を経過する日となります（相令4の2）。

3 本相談における未分割申告の留意点

　本相談で特筆すべき論点は，みなし相続財産（死亡保険金）と相続放棄（二男が相続放棄者）がある点です。死亡保険金はみなし相続財産に該当し，遺産分割の対象とはなりません。未分割申告においても同様で，死亡保険金は受取人固有の財産として未分割財産として取り扱うことはありません。

　次に相続放棄についてですが，相続放棄をした場合には，民法上，その者は初めから相続人でなかったものとみなします。これに対し相続税法上は，その放棄がなかったものとして各種計算を行います。また，未分割申告の場合においては，民法と相続税法の相続放棄に係る規定の相違により相続税計算の各段階において相続分の捉え方が異なりますので注意が必要です。

⑴　みなし相続財産

　前段で解説したとおり，死亡保険金はみなし相続財産に該当し，遺産分割協議を経ずに受取人に帰属します。したがって，死亡保険金が未分割となることはあり得ません。本相談の場合にも母と二男が取得した死亡保険金は，未分割申告上も母と二男が取得したものとして計算し，母が取得した死亡保険金に対応する相続税については未分割申告であっても配偶者の税額軽減の適用が可能となります。

⑵　相続放棄と相続税計算

　相続放棄があった場合には，相続税計算上，その放棄がなかったものとして法定相続人の数をカウントします。相続放棄が相続税計算に影響する具体的な論点は下記の通りです。

　　①　遺産に係る基礎控除（相法15）
　　②　相続税の総額（相法16）
　　③　生命保険金等の非課税（相法12①五）
　　④　退職手当金等の非課税（相法12①六）

　本相談の場合には，二男が相続放棄をしていますが，基礎控除は54,000千円，死

亡保険金の非課税枠は20,000千円のままとなり，相続放棄により基礎控除等が減額されることはありません。

⑶　相続放棄と生命保険金

　死亡保険金は受取人固有の財産であるため相続放棄をした場合でも受け取ることが可能です。この生命保険金（みなし相続財産）に対しても相続税は課税されます。ただし，これらみなし相続財産に係る非課税（500万円×法定相続人の数）を適用できる者は相続人に限られるため相続放棄をした者が受け取った生命保険金については非課税枠が使えないため注意が必要です（相基通12−8）。

　本相談の場合，母が受け取る30,000千円については，20,000千円まで非課税枠の適用がありますが，次男が受け取る20,000千円についてはその全額につき非課税枠の適用がありません。

4　相続税申告書等の記載例

　本相談における相続税申告書の様式で特質すべきものの各種記載方法を確認していきましょう。まずは，第9表（生命保険金などの明細書）から記載をはじめます。前述の通り，相続放棄をした二男が受け取ることとなる死亡保険金について非課税枠の適用はできません。

　次に，第11表（相続税がかかる財産の明細書）を作成します。第11表上部の遺産の分割状況については，「3　全部未分割」に○をします。また，右列の分割が確定した財産の欄は生命保険金等の遺産分割の対象とならない財産以外の財産は空欄となります。なお，土地については，未分割申告時は小規模宅地等の特例の適用ができません。最後に，下部の合計表を記載すれば第11表は完成します。合計表は未分割財産の合計値を民法に定める相続分に応じて各相続人に帰属する金額を記載します。

　続いて第1表で最終的な相続税額の計算をします。本相談の場合の留意点としては，母が受取人となっている死亡保険金にかかる相続税については未分割財産には該当しませんので，その部分についてのみ配偶者の税額軽減の適用が可能となるという点です。

　以上で相続税申告書の本表の作成は完成しましたが，未分割申告で忘れてはならないのが分割見込書の添付です。

　分割見込書の記載方法，注意点については下記の通りです。

⑴ 記 載 方 法

　分割見込書には,「分割されていない理由」,「分割の見込みの詳細」,「適用を受けようとする特例等」の欄に分かれており,それぞれ下記のような内容を記載することになります。

① 分割されていない理由

　相続税の申告期限までに財産が分割されていない理由について簡潔に記載します。
（例）
・分割協議不調のため
・遺産の全ての把握ができていないため
・相続人の一部と連絡がとれないため　等

② 分割の見込みの詳細

　分割が見込まれる詳細を記載します。
（例）
・相続人間で協議中のため３年以内には分割が固まる見込
・相続人の１人が海外赴任中であり帰国次第分割協議をする予定　等

③ 適用を受けようとする特例等

　分割確定後適用するべき特例の全てに○をします。

⑵ 留 意 点

① 当初申告において添付を失念した場合

　未分割申告書を提出する場合において,分割見込書の添付を失念したときは,各種特例の適用を受けることはできません。ただし,その添付がなかったことについてやむを得ない事情があると税務署長が認めるときは,当該書類の提出があった場合に限り,各種特例の適用をすることができます（相法19の２④他）。

② 期限後申告における添付の可否

　相続税の期限内申告書を提出しなかった場合において,その申告期限後の申告書提出時に遺産が未分割であるときは,分割見込書を添付することにより,遺産分割確定時の更正の請求等により各種特例の適用を受けることが可能です（相法19の２③他）。

生命保険金などの明細書

	被相続人	父

1 相続や遺贈によって取得したものとみなされる保険金など

この表は、相続人やその他の人が被相続人から相続や遺贈によって取得したものとみなされる生命保険金、損害保険契約の死亡保険金及び特定の生命共済金などを受け取った場合に、その受取金額などを記入します。

保険会社等の所在地	保険会社等の名称	受取年月日	受 取 金 額	受取人の氏名
東京都千代田区～	○○生命保険会社	2・5・2	30,000,000 円	母
東京都港区～	△△生命保険会社	2・4・21	20,000,000	二男
		・　・		
		・　・		
		・　・		

(注) 1 相続人（相続の放棄をした人を除きます。以下同じです。）が受け取った保険金などのうち一定の金額は非課税となりますので、その人は、次の2の該当欄に非課税となる金額と課税される金額とを記入します。
　　 2 相続人以外の人が受け取った保険金などについては、非課税となる金額はありませんので、その人は、その受け取った金額そのままを第11表の「財産の明細」の「価額」の欄に転記します。
　　 3 相続時精算課税適用財産は含まれません。

2 課税される金額の計算

この表は、被相続人の死亡によって相続人が生命保険金などを受け取った場合に、記入します。

保険金の非課税限度額	（５００万円× [4人] により計算した金額を右の Ⓐ に記入します。） ［第2表のⒶの法定相続人の数］	Ⓐ 20,000,000 円

保険金などを受け取った相続人の氏名	① 受け取った保険金などの金額	② 非課税金額 （Ⓐ× 各人の①／Ⓑ）	③ 課 税 金 額 （①-②）
母	30,000,000 円	20,000,000 円	10,000,000 円
合　　計	Ⓑ 30,000,000	20,000,000	10,000,000

> 非課税枠が使えるのは母だけであり、相続放棄をした二男は非課税枠を適用することはできない！

(注) 1 Ⓑの金額がⒶの金額より少ないときは、各相続人の①欄の金額がそのまま②欄の非課税金額となりますので、③欄の課税金額は0となります。
　　 2 ③欄の金額を第11表の「財産の明細」の「価額」欄に転記します。

第9表(令元.7) 　　　　　　　　　　　　　　　　　　　　　（資4-20-10-A4統一）

46

相続税がかかる財産の明細書
（相続時精算課税適用財産を除きます。）

被相続人　父

全部未分割に○

表（令和2年4月分以降用）

○ この表は、相続や遺贈によって取得した財産及び相続や遺贈によって取得したものとみなされる財産のうち、相続税のかかるものについての明細を記入します。

○相続時精算課税適用財産の明細については、この表によらず第11の2表に記載します。

遺産の分割状況	区　　分	1 全 部 分 割	2 一 部 分 割	③ 全 部 未 分 割
	分 割 の 日	・　・	・　・	・　・

財産の明細				数量	単価		分割が確定した財産	
種類	細目	利用区分、銘柄等	所在場所等	固定資産税評価額	倍数	価額	取得した人の氏名	取得財産の価額
土地	宅地	自宅敷地				100,000,000 円		円
	（小計）					（100,000,000）		
〔計〕						〔100,000,000〕		
家屋	家屋	自宅				10,000,000		
〔計〕						〔10,000,000〕		
現金,預貯金等	預貯金					100,000,000		
〔計〕						〔100,000,000〕		
その他の財産	生命保険金等					10,000,000	母	10,000,000
その他の財産	生命保険金等					20,000,000	二男	20,000,000
	（小計）					（30,000,000）		
〔計〕						〔30,000,000〕		
〔合計〕						〔240,000,000〕		

小規模宅地等の特例の適用はできない。

受取人固有財産（遺産分割の対象外の財産）以外の財産は空欄となる。

未分割財産の合計値を民法に定める相続分に応じて各相続人に振り分ける。二男は相続放棄をしているため民法上の相続分がゼロとなる。

	財産を取得した人の氏名	（各人の合計）	母	長男	長女	二男	
合計表	分割財産の価額 ①	30,000,000 円	10,000,000 円	円	円	20,000,000 円	円
	未分割財産の価額 ②	210,000,000	105,000,000	52,500,000	52,500,000		
	各人の取得財産の価額（①＋②）③	240,000,000	115,000,000	52,500,000	52,500,000	20,000,000	

（注）　1　「合計表」の各人の③欄の金額を第1表のその人の「取得財産の価額①」欄に転記します。
　　　　2　「財産の明細」の「価額」欄は、財産の細目、種類ごとに小計及び計を付し、最後に合計を付して、それらの金額を第15表の①から⑳までの該当欄に転記します。

第11表（令3.7）

（資4-20-12-1-A4統一）

男程度

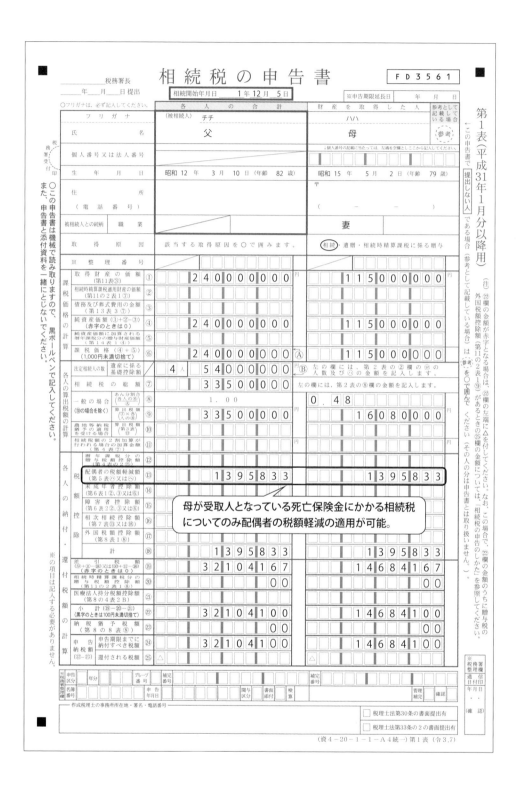

被相続人の氏名　＿＿父＿＿＿＿＿＿＿

申告期限後３年以内の分割見込書

　相続税の申告書「第11表（相続税がかかる財産の明細書）」に記載されている財産のうち、まだ分割されていない財産については、申告書の提出期限後３年以内に分割する見込みです。
　なお、分割されていない理由及び分割の見込みの詳細は、次のとおりです。

　1　分割されていない理由

　　相続人間で遺産分割の協議が整わなかったため。
　　_____
　　_____
　　_____
　　_____

　2　分割の見込みの詳細

　　相続税の申告期限から3年以内には遺産分割が確定する見込みである。
　　_____
　　_____
　　_____
　　_____

　3　適用を受けようとする特例等

　　①　配偶者に対する相続税額の軽減（相続税法第19条の２第１項）
　　②　小規模宅地等についての相続税の課税価格の計算の特例
　　　　（租税特別措置法第69条の４第１項）
　　⑶　特定計画山林についての相続税の課税価格の計算の特例
　　　　（租税特別措置法第69条の５第１項）
　　⑷　特定事業用資産についての相続税の課税価格の計算の特例
　　　　（所得税法等の一部を改正する法律(平成21年法律第13号)による
　　　　改正前の租税特別措置法第69条の５第１項）

（資４－21－Ａ４統一）　　（平28.6）

5 ま と め

　申告期限までに遺産分割が確定しない場合には，民法に定める相続分に応じて分割したものとみなして未分割申告をする必要があり，配偶者の税額軽減や小規模宅地等の特例という重要な特例の適用ができず，一時的に多額の相続税を国に納めなければならない状況になります。未分割申告に携わる税理士としては，納税資金のアナウンスやその後の分割確定までのモニタリング，分割確定後の手続き等，通常の相続税申告案件では登場しない論点も多々ありますので留意しながら手続きを進める必要があります。

<table>
<tr><td></td><td>関連する申告書等</td></tr>
</table>

ケース6	数次相続の場合

関連する申告書等
第1表
第1表の付表1
第7表
第13表

【相談内容】

〈一次相続〉　　　　　　　被相続人
（享年75歳）　　　　　　　　母　　相続人①
相続開始日：令和3年11月1日　　　　　　　　　　（73歳）
父

相続人②　　長男　　　　二男　　相続人③
（50歳）　　　　　　　　（48歳）

・相続財産：12億円

〈二次相続〉　　母　被相続人
（享年74歳）
相続開始日：令和4年1月1日（父の遺産分割前）

長男　相続人①　　　　　二男　相続人②
（51歳）　　　　　　　　　（49歳）

・相続財産：16億円（一次相続において取得した相続財産6億円を含む）

〈前提〉
・一次相続の遺産分割は法定相続により相続したものとして計算する。

1　税理士としてのアドバイス

　数次相続とは，相続開始後にその相続に係る遺産分割協議が整う前に相続人の内の1人が亡くなってしまい，次の相続が開始されてしまうことをいいます。例えば，本相談のような，父が令和3年11月に亡くなり，母は父の遺産分割前の令和4年1月に亡くなるようなケースです。

　この場合には，一次相続の配偶者取得割合は自由に決められますので，申告の委

任を受けた税理士が一次相続と二次相続の合計相続税額が最も低くなる割合を算定する必要があります。

　残された相続人が亡くなった母に遺産を相続させたこととする遺産分割をすれば，配偶者の税額軽減の適用は可能です。この取扱いは，「遺産分割前に亡くなった場合と遺産分割後に亡くなった場合で，特例の適用可否が異なるのはあまりにも酷だ」ということで例外的に認められています。

　しかし，ここで注意が必要なのが，一次相続において配偶者控除を適用しないほうが，一次相続と二次相続のトータルの相続税を抑えられる可能性があるということです。詳細は，後述の計算例で解説します。

　また，数次相続の場合には，下記 **2** のとおりその他の税額控除や申告期限など論点が多岐に渡りますので，一つひとつの論点を逃さずに確認することが必要となります。

2 数次相続における論点

⑴　税 額 控 除
①　配偶者の税額軽減（相法19の２）

　数次相続における一次相続においても，配偶者の税額軽減は適用が可能です。

②　未成年者控除（相法19の３）・障害者控除（相法19の４）

　一次相続において未成年者控除，障害者控除を受けた場合において，二次相続においても未成年者控除，障害者控除の適用を検討するときは，当該控除を受けることができる金額は，一次相続で控除を受けた金額が二次相続で控除できる金額に満たなかった場合における当該満たなかった金額の範囲内に限られますので留意が必要です。

③　相次相続控除（相法20）

　二次相続の被相続人が相続開始前10年以内に相続等によって財産を取得していた場合において，相続税の納税を行っていたときは，その二次相続に係る相続人は下記の算式によって算出した金額を相続税額から控除することができます。

(2) 申告期限

　相続税の申告期限は，相続開始後10か月以内です。一次相続に係る申告について
は，本来的には令和4年9月までに母と長男，二男がそれぞれ行う必要があります
が，母は既に亡くなっているため申告を行うことはできず，その申告義務は長男と
二男が引き継ぎます。

　この場合における一次相続における母の法定相続分に関する相続税の申告期限は，
二次相続の申告期限である令和4年11月まで延長がされます。注意点としては，あ
くまで延長がされるのは母の法定相続に係る申告のみであり，長男と二男が一次相
続で取得した相続に係る申告期限の延長はありません。

(3) 第1表の付表1

　一次相続に係る相続税の申告書に，第1表の付表1「納税義務等の承継に係る明
細書（兼相続人の代表者指定届出書）」を付けて申告をする必要があります（**5**
「相続税申告書の記載例」で確認してください）。

3 実務上の留意点

(1) 遺産分割協議書

　数次相続の場合には，遺産分割協議書の記載方法についても通常の遺産分割協議
書と異なる部分があります。

① 被相続人情報欄

　遺産分割協議書の冒頭では被相続人の情報を記載しますが，数次相続においては一次相続における被相続人の次に二次相続における被相続人の情報を次のとおり記載します。

```
              遺産分割協議書

   被相続人　父○○　○○
   最後の本籍　○○○○
   最後の住所　○○○○

   相続人兼被相続人　母○○　○○
   最後の本籍　○○○○
   最後の住所　○○○○
   死亡年月日　令和4年1月1日
```

② 署　名　欄

　遺産分割協議書の末尾では相続人の署名・捺印欄を作成しますが，数次相続においては一次相続における地位と二次相続における地位を明らかにするために，下記のような記載とします。

```
   令和×年××月×日
   住所　○○○○
   相続人 兼 母○○　○○の相続人　長男○○　○○
   住所　○○○○
   相続人 兼 母○○　○○の相続人　二男○○　○○
```

(2)　戦略的未分割

　数次相続の場合には，遺産分割の割合を調整することにより合計の相続税額を最も少ない税額に抑えることが可能ですが，一次相続と二次相続の開始年が異なるときには未分割申告を考慮する必要があります。

　これは，年度によって路線価が異なる可能性があるためです。その年度の路線価の公表はおおよそその年の7月ですが，一次相続に係る相続税申告期限が二次相続の路線価公表前のようなケースでは，二次相続における土地評価額を確定することができないため，相続税額を最も少ない税額に抑えるような遺産分割割合を算定することができません。

　このような場合には，一次相続を戦略的に未分割として申告を行い，二次相続の

路線価公表後の相続財産が確定した時点で一次相続の更正の請求又は修正申告をする方法も検討します。

4 計 算 例

短期間で夫婦の両方が亡くなるような数次相続案件については，配偶者の税額軽減を適用しないほうが一次相続及び二次相続の相続税の合計額が少なくなります。ポイントは，相次相続控除と二次相続において一次相続の相続税が債務控除できるという点です。

一次相続だけでは，もちろん配偶者の税額軽減を適用させた方が税額は有利となります。しかし，一次相続税配偶者の税額軽減を適用させずに配偶者が納税を行うことにより，二次相続において当該未払相続税を債務として計上し，かつ，相次相続控除を適用させることが可能となります。

その結果，下記例では，トータルの相続税額を大幅に抑えることができることとなります。

単位：千円

		配偶者の税額軽減		差額
		①適用する	②適用しない	②－①
1次相続	税額控除前相続税額	451,200	451,200	0
	配偶者の税額軽減	225,600	0	△225,600
	差引相続税額	225,600	451,200	225,600
2次相続	税額控除前相続税額	712,900 （※1）	588,820 （※2）	△124,080
	相次相続控除	0	225,600	225,600
	差引相続税額	712,900	363,220	△349,680
1次及び2次相続合計相続税額		938,500	814,420	△124,080

（※1）相続財産：16億円（母固有財産10億円＋父からの相続財産6億円）
相続税額：（（16億円△基礎控除4,200万円）×55%△7,200万円）×2人
（※2）相続財産：13億7,440万円（母固有財産10億円＋父からの相続財産6億円△一次相続額2億2,560万円）
相続税額：（（13億7,440万円△基礎控除4,200万円）×55%△7,200万円）×2人

5 相続税申告書の記載例

相続税申告書の記載方法を確認していきますが，前提としては母が一次相続で配偶者の税額軽減を適用しないパターンで確認をしていきます。

本相談において，相続税申告上使用する表は，一次相続では第1表の付表1です。当該付表は，二次相続の被相続人である一次相続の相続人が納付すべき相続税額に

ついての承継に係る明細書となります。

　次に，二次相続においては，配偶者の一次相続の税額を二次相続に関する債務として捉えますので，第13表に債務控除として記載します。さらに，当該配偶者の一次相続に関する相続税額は，第7表において相次相続控除額の計算を行います。

【一次相続】

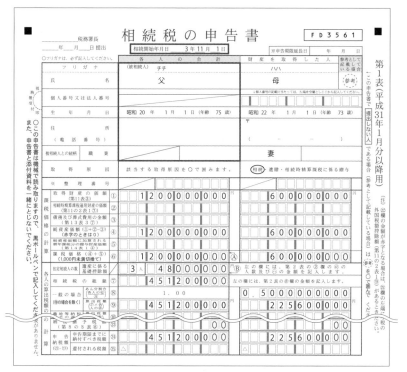

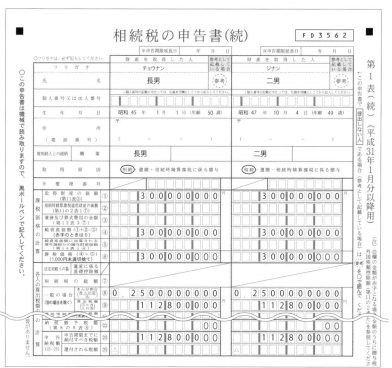

納税義務等の承継に係る明細書
（兼相続人の代表者指定届出書）

被相続人	父

この表は、次の①から③までに掲げる場合のいずれかに該当する場合に記入します。
① 相続時精算課税適用者が被相続人である特定贈与者の死亡の日前に死亡している場合
② 相続税の申告書を提出すべき者が被相続人の死亡の日から相続税の申告期限までの間に相続税の申告書を提出しないで死亡している場合
③ 相続税の修正申告書を提出すべき者が相続税の修正申告書を提出しないで死亡している場合

1 死亡した者の住所・氏名等

住所		氏名	フリガナ ハハ 母	相続開始年月日	（令和） 3 年 1 月 1 日

2 死亡した者の納付すべき又は還付される税額

納付すべき税額 （相続税の申告書第1表の㉘の金額）	225,600,000 円	・・・・・A
還付される税額 （相続税の申告書第1表の㉚の金額）	△ 円	

3 相続人等の代表者の指定
（相続税に関する書類を受領する代表者を指定するときに記入してください。）

相続人等の代表者の氏名 ＿＿＿＿＿＿＿

4 限定承認の有無
（相続人等が限定承認しているときは、右の「限定承認」の文字を○で囲んでください。）

限定承認

5 相続人等に関する事項

(1) 住所	〒		〒		〒
(2) 氏名	フリガナ チョウナン 長男	参考として記載している場合（参考）	フリガナ ジナン 二男	参考として記載している場合（参考）	フリガナ ＿＿＿ 参考として記載している場合（参考）
(3) 個人番号又は法人番号	個人番号の記載に当たっては、左端を空欄とし、ここから記入してください。		個人番号の記載に当たっては、左端を空欄とし、ここから記入してください。		個人番号の記載に当たっては、左端を空欄とし、ここから記入してください。
(4) 職業及び被相続人との続柄	職業 / 続柄 長男		職業 / 続柄 二男		職業 / 続柄
(5) 生年月日	明・大・昭・平・令 年 月 日		明・大・昭・平・令 年 月 日		明・大・昭・平・令 年 月 日
(6) 電話番号					
(7) 承継割合 ・・・・B	法定・指定 $\frac{1}{2}$		法定・指定 $\frac{1}{2}$		法定・指定
(8) 相続又は遺贈により取得した財産の価額	300,000,000 円		300,000,000 円		円
(9) 各人の (8) の合計			600,000,000 円		
(10) (8)の(9)に対する割合 $\frac{(8)}{(9)}$	$\frac{300,000,000}{600,000,000}$		$\frac{300,000,000}{600,000,000}$		

6 税額

A×B	納付すべき税額 （各人の100円未満切捨て）	112,800,0 00円		112,800,0 00円		00円
	還付される税額	△ 円		△ 円	△	円

58

【二次相続】

相続税の申告書

FD3561

＿＿＿＿＿税務署長　　相続開始年月日　　3 年 1 月 1 日　　　※申告期限延長日　　　年　　月　　日
＿＿年＿＿月＿＿日提出

〇フリガナは、必ず記入してください。

	フ リ ガ ナ			（被相続人）ハハ		財産を取得した人 チョウナン
	氏 名			母	参考	長男
	個人番号又は法人番号					↓個人番号の記載に当たっては、左端を空欄としここから記入してください。
	生 年 月 日			昭和 22 年 1 月 1 日（年齢 74 歳）		昭和 45 年 1 月 1 日（年齢 51 歳）
	住 所（ 電 話 番 号 ）					〒 （ ー ー ）
	被相続人との続柄　職業					長男
	取 得 原 因	該当する取得原因を〇で囲みます。				相続・遺贈・相続時精算課税に係る贈与
	※ 整 理 番 号					

				各人の合計	財産を取得した人
課税価格の計算	取得財産の価額（第11表③）	①		16 0 0 0 0 0 0 0 0 円	8 0 0 0 0 0 0 0 0 円
	相続時精算課税適用財産の価額（第11の2表1⑦）	②			
	債務及び葬式費用の金額（第13表3⑦）	③		2 2 5 6 0 0 0 0 0	1 1 2 8 0 0 0 0 0
	純資産価額（①+②−③）（赤字のときは0）	④		13 7 4 4 0 0 0 0 0	6 8 7 2 0 0 0 0 0
	純資産価額に加算される暦年課税分の贈与財産価額（第14表1④）	⑤			
	課税価格（④+⑤）（1,000円未満切捨て）	⑥		13 7 4 4 0 0 0 0 0	6 8 7 2 0 0 0 0 0
各人の算出税額の計算	法定相続人の数　遺産に係る基礎控除額		2 人	4 2 0 0 0 0 0 0 円	
	相続税の総額	⑦		5 8 8 8 2 0 0 0 0	
	一般の場合（⑩の場合を除く）　あん分割合（各人の⑥）（Ⓐ）	⑧		1 . 0 0	0 . 5 0 0 0 0 0 0 0 0
	算出税額（⑦×各人の⑧）	⑨		5 8 8 8 2 0 0 0 0	2 9 4 4 1 0 0 0 0 円
	農地等納税猶予の適用を受ける場合　算出税額（第3表⑬）	⑩			
	相続税額の2割加算が行われる場合の加算金額（第4表⑦）	⑪		円	円
各人の納付・還付税額の計算	税額控除	暦年課税分の贈与税額控除額（第4表の2⑳）	⑫		
		配偶者の税額軽減額（第5表Ⓞ又はⓄ）	⑬		
		未成年者控除額（第6表1②、③又は⑥）	⑭		
		障害者控除額（第6表2②、③又は⑥）	⑮		
		相次相続控除額（第7表⑬又は⑱）	⑯		2 2 5 6 0 0 0 0 0	1 1 2 8 0 0 0 0 0
		外国税額控除額（第8表1⑧）	⑰			
		計	⑱		2 2 5 6 0 0 0 0 0	1 1 2 8 0 0 0 0 0
	差引税額（⑨+⑪−⑱）又は（⑩+⑪−⑱）（赤字のときは0）	⑲		3 6 3 2 2 0 0 0 0	1 8 1 6 1 0 0 0 0
	相続時精算課税分の贈与税額控除額（第11の2表1⑧）	⑳		0 0	0 0
	医療法人持分税額控除額（第8の4表2B）	㉑			
	小計（⑲−⑳−㉑）（黒字のときは100円未満切捨て）	㉒		3 6 3 2 2 0 0 0 0	1 8 1 6 1 0 0 0 0
	納税猶予税額（第8の8表⑧）	㉓		0 0	0 0
	申告納税額　申告期限までに納付すべき税額（㉒−㉓）	㉔		3 6 3 2 2 0 0 0 0	1 8 1 6 1 0 0 0 0
	還付される税額	㉕		△	△

Ⓑ 左の欄には、第2表の②欄の回の人数及び㋩の金額を記入します。

左の欄には、第2表の⑧欄の金額を記入します。

相続税の申告書（続）

第１表（続）（平成31年1月分以降用）

	※申告期限延長日　　年　月　日			※申告期限延長日　　年　月　日	
	財産を取得した人	参考として記載している場合		財産を取得した人	参考として記載している場合
フリガナ	ジナン				
氏名	二男	参考			参考
個人番号又は法人番号					
生年月日	年　月　日（年齢　歳）			年　月　日（年齢　歳）	
住所（電話番号）	〒（　－　－　）			〒（　－　－　）	
被相続人との続柄　職業	二男				
取得原因	⃝相続・遺贈・相続時精算課税に係る贈与			相続・遺贈・相続時精算課税に係る贈与	
※整理番号					

○フリガナは、必ず記入してください。

○この申告書は機械で読み取りますので、黒ボールペンで記入してください。

←この申告書で「提出しない人」である場合（参考として記載している場合⑥）は、参考を○で囲んでください。

（注）㉒欄の金額が赤字となる場合は、㉒欄の左端に△を付してください。なお、この場合で、㉒欄の金額のうち、外国税額控除額（第11の2表1-⑨）があるときの㉕欄の金額については、（相続税の申告のしかた）を参照してください。（その人の分は申告書とは取り扱いません。）

			取得財産の価額（第11表③）	①	800000000	円			円
課税価格の計算			相続時精算課税適用財産の価額（第11の2表1⑦）	②					
			債務及び葬式費用の金額（第13表3⑦）	③	112800000				
			純資産価額（①＋②－③）（赤字のときは0）	④	687200000				
			純資産価額に加算される暦年課税分の贈与財産価額（第14表1④）	⑤					
			課税価格（④＋⑤）（1,000円未満切捨て）	⑥	687200000				000
各人の算出税額の計算		法定相続人の数　遺産に係る基礎控除額	相続税の総額	⑦					
		一般の場合（⑩の場合を除く）	あん分割合（各人の⑥／A）	⑧	0.50000000000				
			算出税額（⑦×各人の⑧）	⑨	294410000	円			円
		農地等納税猶予の適用を受ける場合	算出税額（第3表⑧）	⑩					
			相続税額の2割加算が行われる場合の加算金額（第4表⑦）	⑪		円			円
各人の納付・還付税額の計算	税額控除	暦年課税分の贈与税額控除額（第4表の2㉕）		⑫					
		配偶者の税額軽減額（第5表⑥又は⑳）		⑬					
		未成年者控除額（第6表1②、③又は⑥）		⑭					
		障害者控除額（第6表2②、③又は⑥）		⑮					
		相次相続控除額（第7表⑬又は⑱）		⑯	112800000				
		外国税額控除額（第8表1⑧）		⑰					
		計		⑱	112800000				
		差引税額（⑨＋⑪－⑱）又は（⑩＋⑪－⑱）（赤字のときは0）		⑲	181610000				
		相続時精算課税分の贈与税額控除額（第11の2表1⑧）		⑳	00				00
		医療法人持分税額控除額（第8の4表2B）		㉑					
		小計（⑲－⑳－㉑）（黒字のときは100円未満切捨て）		㉒	181610000				
		納税猶予税額（第8の8表⑧）		㉓	00				00
		申告納税額（㉒－㉓）　申告期限までに納付すべき税額		㉔	181610000				00
		還付される税額		㉕	△			△	

※の項目は記入する必要がありません。

60

相 次 相 続 控 除 額 の 計 算 書

被相続人	母

　この表は、被相続人が今回の相続の開始前10年以内に開始した前の相続について、相続税を課税されている場合に記入します。

1　相次相続控除額の総額の計算

前の相続に係る被相続人の氏名	前の相続に係る被相続人と今回の相続に係る被相続人との続柄	前 の 相 続 に 係 る 相 続 税 の 申 告 書 の 提 出 先
父	妻	○○ 税務署

①　前の相続の年月日	②　今回の相続の年月日	③　前の相続から今回の相続までの期間（1年未満切捨て）	④　10 年 － ③ の 年 数
令和　3 年 11 月 1 日	令和　4 年 1 月 1 日	0　年	10　年

> 一次相続で母が取得した財産額

⑤　被相続人が前の相続の時に取得した財産額（価額を含みます。）	⑥　⑤の相続の際の被相続人の相続税額	⑦　（⑤－⑥）の金額	⑧　今回の相続、遺贈や相続時精算課税に係る贈与によって財産を取得した全ての人の純資産価額の合計額（第 1 表の④の合計金額）
600,000,000 円	225,600,000 円	374,400,000 円	1,374,400,000 円

（⑥）の相続税額			④の年数	相次相続控除額の総額
225,600,000 円 ×	$\dfrac{1,374,400,000 円（⑧の金額）}{374,400,000 円（⑦の金額）}$（この割合が1を超えるときは、1とします。）	×	$\dfrac{10 年}{10 年}$ ＝	Ⓐ 225,600,000 円

> 一次相続で母が納税すべき税額

> 数次相続の場合は全額が控除になる

2　各相続人の相次相続控除額の計算

(1)　一般の場合（この表は、被相続人から相続、遺贈や相続時精算課税に係る贈与によって財産を取得した人のうちに農業相続人がいない場合に、財産を取得した相続人の全ての人が記入します。）

今回の相続の被相続人から財産を取得した相続人の氏名	⑨　相次相続控除額の総額	⑩　各相続人の純資産価額（第1表の各人の④の金額）	⑪　相続人以外の人も含めた純資産価額の合計額（第1表の④の各人の合計）	⑫　各人の⑩ $\dfrac{⑩}{⑪}$ の割合	⑬　各人の相次相続控除額（⑨×各人の⑫の割合）
長　　男	（上記Ⓐの金額）225,600,000 円	687,200,000 円	Ⓑ 1,374,400,000 円	0.5	112,800,000 円
二　　男		687,200,000 円		0.5	112,800,000

(2)　相続人のうちに農業相続人がいる場合（この表は、被相続人から相続、遺贈や相続時精算課税に係る贈与によって財産を取得した人のうちに農業相続人がいる場合に、財産を取得した相続人の全ての人が記入します。）

今回の相続の被相続人から財産を取得した相続人の氏名	⑭　相次相続控除額の総額	⑮　各相続人の純資産価額（第3表の各人の④の金額）	⑯　相続人以外の人も含めた純資産価額の合計額（第3表の④の各人の合計）	⑰　各人の⑮ $\dfrac{⑮}{⑯}$ の割合	⑱　各人の相次相続控除額（⑭×各人の⑰の割合）
	（上記Ⓐの金額）　　　円	円	Ⓒ　　　円		円

(注)　1　⑥欄の相続税額は、相続時精算課税分の贈与税額控除後の金額をいい、その被相続人が納税猶予の適用を受けていた場合の免除された相続税額並びに延滞税、利子税及び加算税の額は含まれません。
　　　2　各人の⑬又は⑱欄の金額を第1表のその人の「相次相続控除額⑯」欄に転記します。

第 7 表（令元 . 7）　　　　　　　　　　　　　　　　　　　　　　　　　　（資 4 － 20 － 8 － A 4 統一）

債務及び葬式費用の明細書

	被相続人	母

1 債務の明細

（この表は、被相続人の債務について、その明細と負担する人の氏名及び金額を記入します。なお、特別寄与者に対し相続人が支払う特別寄与料についても、これに準じて記入します。）

債務の明細						負担することが確定した債務	
種類	細目	債権者 氏名又は名称	住所又は所在地	発生年月日 弁済期限	金額	負担する人の氏名	負担する金額
公租公課	相続税	○○税務署		・・ ／ ・・	225,600,000 円	長男	112,800,000 円
				・・ ／ ・・		二男	112,800,000
				・・ ／ ・・			
				・・ ／ ・・			
				・・ ／ ・・			
				・・ ／ ・・			
				・・ ／ ・・			

> 母負担の一次相続に係る未払いの相続税

合計					225,600,000		

3 債務及び葬式費用の合計額

債務などを承継した人の氏名			（各人の合計）	長男	二男		
債務	負担することが確定した債務	①	225,600,000 円	112,800,000 円	112,800,000 円	円	円
	負担することが確定していない債務	②					
	計（①+②）	③	225,600,000	112,800,000	112,800,000		
葬式費用	負担することが確定した葬式費用	④					
	負担することが確定していない葬式費用	⑤					
	計（④+⑤）	⑥					
合計（③+⑥）		⑦	225,600,000	112,800,000	112,800,000		

（注） 1 各人の⑦欄の金額を第1表のその人の「債務及び葬式費用の金額③」欄に転記します。
2 ③、⑥及び⑦欄の金額を第15表の㉝、㉞及び㉟欄にそれぞれ転記します。

第13表（令3.7） （資4−20−14−A4統一）

---

6 ま と め

　遺産分割協議の最中に相続人が亡くなることは，稀ではありますが実際に起こり得るケースです。この場合には，遺産分割協議を含め，配偶者の取得割合や債務控除，相次相続税額控除を考慮し，通常の相続税申告以上に綿密な二次相続のシミュレーションが必要となります。

ケース7 相続人が兄弟姉妹の場合

【相談内容】

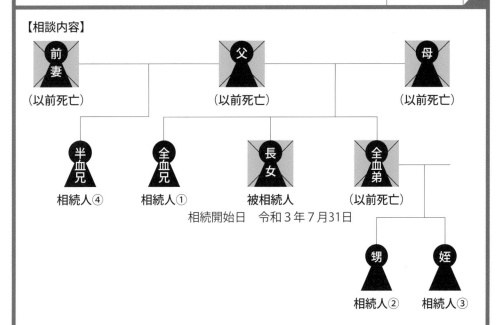

相続開始日　令和3年7月31日

〈相続財産〉

・現預金1億円

・不動産5,000万円（居住用：土地4,000万円・建物1,000万円）

被相続人の祖父母：以前死亡

〈相続人の要望〉

　長女が亡くなり，相続人は，兄，弟の代襲相続である甥，姪の3人で，公平に分けようと思っていましたが，異母兄弟である父の前妻である半血兄（相続人④）にも相続権があることが分かりました。長女の財産を公平に分けようと思いますが，どのように分けるのがよいでしょうか。

　また，父の相続時（15年以上前）に，半血兄とは会って以来，音信不通です。当時の住所地へ手紙を出しましたが，宛先不明で返ってきてしまいました。半血兄を探し出して，連絡を取ってほしいと思います。

1 税理士のアドバイス

　半血の兄弟姉妹には相続権がないと誤解されているケースがあります。相続分に違いはありますが，半血の兄弟姉妹にも相続権があります。もし，半血の兄弟姉妹が参加しない遺産分割協議が行われた場合は，無効となりますので注意が必要です。また，兄弟姉妹の相続の場合は，相続税額の２割加算の対象になります。納税資金の確保のため，早めの納税シミュレーションなどの対策が重要です。

　さらに，本件のように，異母兄弟の場合，コミュニケーションを取ることが困難なケースがあります。円滑な相続手続きを進めていくためにも，異母兄弟の協力が不可欠です。まずは相続人間でのコミュニケーションを優先すべきですが，異母兄弟の居場所が分からず，対応を専門家に依頼するケースもあります。

2 全血兄弟姉妹と半血兄弟姉妹について

⑴ 民法の条文

　兄弟姉妹が複数いる場合，兄弟姉妹が同順位で相続します。本件のように，兄弟姉妹の１人（その者の配偶者，直系親族はいない）が死亡した場合に，父母双方を同じくする兄弟姉妹を「全血の兄弟姉妹」といい，死亡した者の父又は母の一方のみを同じくする兄弟姉妹を「半血の兄弟姉妹」といいます。半血の兄弟姉妹の相続分は，全血の兄弟姉妹の相続分の２分の１です。

> （民法900条４項ただし書）
> 子，直系尊属又は兄弟姉妹が数人あるときは，各自の相続分は，相等しいものとする。ただし，嫡出でない子の相続分は，嫡出である子の相続分の２分の１とし，<u>父母の一方のみを同じくする兄弟姉妹の相続分は，父母の双方を同じくする兄弟姉妹の相続分の２分の１とする。</u>

　したがって，本件の場合の法定相続は，全血兄（相続人①）が５分の２，全血弟が以前死亡のため，甥（相続人②）と姪（相続人③）がそれぞれ５分の１，半血兄（相続人④）が全血兄の相続分の２分の１であるため，５分の１となります。

⑵ 戸籍謄本の収集について

　相続発生した場合，相続人を確定するために，①被相続人の出生から死亡までの戸籍謄本が必要です。また，法定相続人の戸籍謄本も必要になります。

　本件のような兄弟姉妹が相続人となる場合には，被相続人の出生から死亡までの戸籍だけでは足らず，兄弟姉妹に漏れがないかの確認が必要なため被相続人の両親

の出生から死亡までの戸籍も必要になります。さらに，被相続人の相続開始日前に，全血弟が以前死亡に該当しますので，③全血弟の出生から死亡までの戸籍謄本，及び代襲相続人である全血弟の子（甥・姪）の戸籍謄本が必要になります。兄弟姉妹が相続人となる案件は，戸籍の収集に相当の時間を要することが想定されるため，余裕を持ったスケジュール管理が必要でしょう。

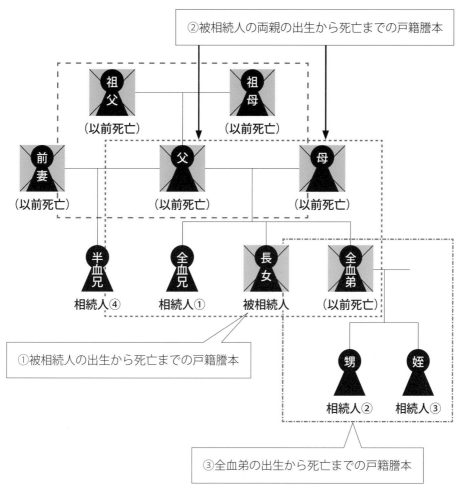

(3) 相続人の不明者について

　本件のように，半血兄（相続人④）の行方が不明である場合があります。相続人の確定のため，被相続人の両親の出生から死亡までの戸籍謄本を取得し，相続人の現在の戸籍謄本を取得します。不明者であっても，現在の本籍地を確認することができますので，あわせて戸籍の附票を取得します。戸籍の附票には，その戸籍が作られてから現在に至るまでの住所が記載されていますので，連絡を取ることができます。本来であれば，相続人間のコミュニケーションを優先すべきですが，長らく

連絡を取っていない場合などは，弁護士等の専門家を介して連絡を取る方法もあります。

---

3 計 算 例

相続税は，「配偶者」と「一親等の血族」以外が相続した場合には，その相続税を2割増しで支払う必要があります。相続税の2割加算とは，「亡くなった人と関係が近くない人は近い人に比べて2割多めに納めて」という納税者不利の制度です。2割加算の対象となり得る人とは，下記以外の人です。

> ・子（孫養子以外の養子を含みます）
> ・親
> ・代襲相続人である孫

なお，実務上，よく出てくる2割加算の対象となる人は，主に下記のような人です。

> ・被相続人の兄弟姉妹
> ・被相続人の孫養子
> ・被相続人から遺贈を受けた第三者

本件の場合，被相続人の兄弟姉妹（代襲相続人である甥（相続人②），姪（相続人③）を含みます）に該当するため，全ての相続人が2割加算の対象になります。

次に相続税額の計算過程を示します。遺産分割協議にて法定相続で分けることが決まったとします。次に示すのは，不動産を「相続税評価額」で分割した場合の計算例です。

(1) 不動産を「相続税評価額」で分割した場合

（単位：万円）

	被相続人	全血兄 相続人①	甥 相続人②	姪 相続人③	半血兄 相続人④
土地	4,000	4,000			
家屋	1,000	1,000			
現預金	10,000	1,000	3,000	3,000	3,000
課税価格	15,000	6,000	3,000	3,000	3,000
相続税額	1,282	568	238	238	238
按分割合	1	0.40	0.20	0.20	0.20
算出税額	1,282	513	256	256	256
2割加算	256	103	51	51	51
相続税額	1,538	615	308	308	308

　しかし，相続財産を公平に分ける場合，不動産価格については遺産分割協議時の時価を用いることもあります。相続税評価額は時価の8割ほどになりますので，相続税評価額を0.8で除して時価を試算します。その際，不動産業者などの査定価格を参考にする場合もあります。

(2) 不動産を時価で分割した場合

（単位：万円）

	被相続人	全血兄 相続人①	甥 相続人②	姪 相続人③	半血兄 相続人④
土地	5,000	5,000			
家屋	1,250	1,250			
現預金	10,000	250	3,250	3,250	3,250
課税価格	16,250	6,500	3,250	3,250	3,250

　全血兄（相続人①）は，不動産を時価で評価したことで，法定相続分の不動産の占める割合が多くなるため，現預金が少なくなります。

　ただし，相続人全員が時価ではなく相続税評価額によることに合意している場合には，相続税評価額を用いても構いません。遺産分割協議は，相続人間の合意があれば，評価方法を自由に定めることができます。

4　留意点

---

(1) 不動産は共有にせずに代償分割

　本件に限らず，不動産については今後の管理や売却などを視野に入れると，共有を回避することが一般的です。本件のような甥，姪，異母兄弟といった場合，所有

者が多岐に渡ることで，不動産の管理や売却が煩雑になる可能性が高くなります。

⑵　相続財産の調査

　本件のように，兄弟姉妹の1人（その者の配偶者，直系尊属はいない）が死亡した場合には，相続財産の範囲が不明であることが多くあります。被相続人が生前にどこの金融機関と取引があったのか，生命保険に加入をしていたのか，生前贈与があったか，負債の有無，遺言書の有無など調査事項は多岐に渡ります。通常であれば，配偶者，子などの近親者にヒアリングをしながら進める作業が，兄弟姉妹の場合は非常に煩雑になる可能性があります。相続財産の調査のポイントは次の通りです。

・遺言検索システムによる遺言書の確認
・金融機関の確認（最寄りの金融機関，郵送物など）
・貸金庫の有無，貸金庫の内容の確認
・固定資産の有無，名寄帳の取り寄せ
・財布，携帯電話の情報から取引業者等を確認

　疎遠な兄弟姉妹であれば調査も難航します。一方で，独り身の叔母を姪が介護していて，姪が相続財産を把握（通帳の管理など）しているケースなどであれば，相続財産の調査はスムーズに進めることができるでしょう。

相 続 税 額 の 加 算 金 額 の 計 算 書

| 被相続人 | 長女 |

第4表（令和3年4月分以降用）

この表は、相続、遺贈や相続時精算課税に係る贈与によって財産を取得した人のうちに、被相続人の一親等の血族（代襲して相続人となった直系卑属を含みます。）及び配偶者以外の人がいる場合に記入します。

なお、相続や遺贈により取得した財産のうちに、次の管理残額がある人は、第4表の付表を作成します。

イ 相続税特別措置法第70条の2の2（直系尊属から教育資金の一括贈与を受けた場合の贈与税の非課税）第12項第2号に規定する管理残額のうち、平成31年4月1日から令和3年3月31日までの間であって、被相続人の相続開始前3年以内に被相続人から取得した信託受益権又は金銭等に係る部分

ロ 相続税特別措置法第70条の2の3（直系尊属から結婚・子育て資金の一括贈与を受けた場合の贈与税の非課税）第12項第2号に規定する管理残額のうち、令和3年3月31日までに被相続人から取得した信託受益権又は金銭等に係る部分

(注)一親等の血族であっても相続税額の加算の対象となる場合があります。詳しくは「相続税の申告のしかた」をご覧ください。

加算の対象となる人の氏名		全血兄	甥	姪	半血兄
各人の税額控除前の相続税額 （第1表⑨又は第1表⑩の金額）	①	4,487,000 円	2,777,667 円	2,777,667 円	2,777,666 円
相続開始時の精算課税分でに養子被相続人相和りと解続の消 被相続人の一親等の血族であった期間内にその被相続人から相続時精算課税に係る贈与によって取得した財産の価額	②	円	円	円	円
	被相続人から相続、遺贈や相続時精算課税に係る贈与によって取得した財産などで相続税の課税価格に算入された財産の価額（第1表①＋第1表②＋第1表③）	③				
	加算の対象とならない相続税額（①×②÷③）	④				
措置法第70条の2の2第12項第2号に規定する管理残額がある場合の加算の対象とならない相続税額（第4表の付表⑦）	⑤	円	円	円	円
措置法第70条の2の3第12項第2号に規定する管理残額がある場合の加算の対象とならない相続税額（第4表の付表⑭）	⑥	円	円	円	円
相続税額の加算金額（①×0.2） ただし、上記④～⑥の金額がある場合には、 ((①−④−⑤−⑥)×0.2）となります。	⑦	897,400 円	555,533	555,533	555,533

(注) 1 相続時精算課税適用者である孫が相続開始の時までに被相続人の養子となった場合は、「相続時精算課税に係る贈与を受けている人で、かつ、相続開始の時までに被相続人との続柄に変更があった場合」には含まれませんので②欄から④欄までの記入は不要です。

2 各人の⑦欄の金額を第1表のその人の「相続税額の2割加算が行われる場合の加算金額⑪」欄に転記します。

各人の税額控除前の相続税額×0.2（20％）

相 続 税 の 申 告 書

FD3561

日本橋 税務署長

_____年___月___日提出

相続開始年月日　3　年　7　月　31　日

※申告期限延長日　　年　　月　　日

〇フリガナは、必ず記入してください。

		各 人 の 合 計	財産を取得した人	参考として記載している場合
フ リ ガ ナ		（被相続人）　チョウジョ	ゼンケツアニ	（参考）
氏　　　名		長女	全血兄	
個人番号又は法人番号			↓個人番号の記載に当たっては、左端を空欄としここから記入してください。	
生　年　月　日		昭和30年 2 月 1 日（年齢 65 歳）	昭和28年 1 月 10 日（年齢 67 歳）	
住　　　所			〒	
（ 電 話 番 号 ）			（　　　－　　　－　　　）	
被相続人との続柄　職　業			兄	
取　得　原　因		該当する取得原因を〇で囲みます。	相続 遺贈・相続時精算課税に係る贈与	
※　整　理　番　号				

課税価格の計算	取得財産の価額（第11表③）	①	1 5 0 0 0 0 0 0 0	5 2 5 0 0 0 0	円
	相続時精算課税適用財産の価額（第11の2表1⑦）	②			
	債務及び葬式費用の金額（第13表3⑦）	③			
	純資産価額（①＋②－③）（赤字のときは0）	④	1 5 0 0 0 0 0 0 0	5 2 5 0 0 0 0	
	純資産価額に加算される暦年課税分の贈与財産価額（第14表1④）	⑤			
	課税価格（④＋⑤）（1,000円未満切捨て）	⑥	1 5 0 0 0 0 0 0 0 Ⓐ	5 2 5 0 0 0 0	円
各人の算出税額の計算	法定相続人の数 遺産に係る基礎控除額		4 人 5 4 0 0 0 0 0 0 Ⓑ	左の欄には、第2表の②欄の回の人数及び⑤の金額を記入します。	
	相続税の総額	⑦	1 2 8 2 0 0 0 0	左の欄には、第2表の⑧欄の金額を記入します。	
	一般の場合（⑩の場合を除く） あん分割合（各人の⑥）Ⓐ	⑧	1．0 0	0．3 5 0 0 0 0 0 0 0	
	算出税額（⑦×各人の⑧）（⑦×各人の⑨）	⑨	1 2 8 2 0 0 0 0	4 4 8 7 0 0 0	円
	農地等納税猶予の適用 算出税額（第3表⑧）	⑩			
	相続税額の2割加算が行われる場合の加算金額（第4表⑦）	⑪	2 5 6 3 9 9 9	8 9 7 4 0 0	円
各人の納付・還付税額の計算	税額控除	贈与税額控除額（第4表の2⑤）	⑫		
		配偶者の税額軽減額（第5表⑦又は⑫）	⑬		
		未成年者控除額（第6表1②、③又は⑥）	⑭		
		障害者控除額（第6表2②、③又は⑥）	⑮		
		相次相続控除額（第7表⑬又は⑱）	⑯		
		外国税額控除額（第8表1⑧）	⑰		
		計	⑱	1 5 3 8 3 9 9 9	5 3 8 4 4 0 0
	差 引 税 額（⑨＋⑪－⑱）又は（⑩＋⑪－⑱）（赤字のときは0）	⑲		
	相続時精算課税分の贈与税額控除額（第11の2表⑨）	⑳	0 0	0 0
	医療法人持分税額控除額（第8の4表2B）	㉑		
	小　計（⑲－⑳－㉑）（黒字のときは100円未満切捨て）	㉒	1 5 3 8 3 9 0 0	5 3 8 4 4 0 0
	納税猶予税額（第8の8表⑧）	㉓	0 0	0 0
	申　告　納税額 申告期限までに納付すべき税額（㉒－㉓）	㉔	1 5 3 8 3 9 0 0	5 3 8 4 4 0 0
	還付される税額（㉒－㉓）	㉕		

70

相続税の申告書(続)

FD3562

第１表（続）（平成31年１月分以降用）

○フリガナは、必ず記入してください。

		財産を取得した人	参考として記載している場合	財産を取得した人	参考として記載している場合
フリガナ		オイ		メイ	
氏 名		甥	参考	姪	参考
個人番号又は法人番号		↓個人番号の記載に当たっては、左端を空欄としここから記入してください。		↓個人番号の記載に当たっては、左端を空欄としここから記入してください。	
生 年 月 日		平成2 年 6 月 1 日 (年齢 30 歳)		平成5 年 9 月 5 日 (年齢 26 歳)	
住 所 (電話番号)		〒 (－ －)		〒 (－ －)	
被相続人との続柄 職業		甥		姪	
取 得 原 因		相続 遺贈・相続時精算課税に係る贈与		相続 遺贈・相続時精算課税に係る贈与	
※ 整理番号					

課税価格の計算	取得財産の価額（第11表③）	①	32500000 円	32500000 円	
	相続時精算課税適用財産の価額（第11の2表1⑦）	②			
	債務及び葬式費用の金額（第13表3⑦）	③			
	純資産価額（①+②-③）（赤字のときは0）	④	32500000	32500000	
	純資産価額に加算される暦年課税分の贈与財産価額（第14表1④）	⑤			
	課税価格（④+⑤）（1,000円未満切捨て）	⑥	32500000	32500000	
各人の算出税額の計算	法定相続人の数 遺産に係る基礎控除額				
	相続税の総額	⑦			
	一般の場合（⑩の場合を除く） あん分割合（各人の⑥）（Ⓐ）	⑧	0.21666667	0.21666667	
	算出税額（⑦×各人の⑧）	⑨	2777667 円	2777667 円	
	農地等納税猶予の適用を受ける場合 算出税額（第3表⑧）	⑩			
	相続税額の2割加算が行われる場合の加算金額（第4表⑦）	⑪	555533 円	555533 円	

相続税の申告書（続）

FD3562

	財産を取得した人	参考として記載している場合	財産を取得した人	参考として記載している場合
※申告期限延長日	年 月 日		※申告期限延長日	年 月 日

○フリガナは、必ず記入してください。

フリガナ	ハンケツアニ	（参考）		（参考）
氏 名	半血兄			
個人番号又は法人番号				
生 年 月 日	昭和25 年 10 月 10 日（年齢 69 歳）		年 月 日（年齢 歳）	
住 所（電話番号）	〒 （ － － ）		〒 （ － － ）	
被相続人との続柄 職業	兄			
取 得 原 因	相続・遺贈・相続時精算課税に係る贈与		相続・遺贈・相続時精算課税に係る贈与	
※ 整 理 番 号				

課税価格の計算

取得財産の価額（第11の③） ①	3 2 5 0 0 0 0 0 円		円
相続時精算課税適用財産の価額（第11の2表1⑦） ②			
債務及び葬式費用の金額（第13表3⑦） ③			
純資産価額（①＋②－③）（赤字のときは0） ④	3 2 5 0 0 0 0 0		
純資産価額に加算される暦年課税分の贈与財産価額（第14表1④） ⑤			
課税価格（④＋⑤）（1,000円未満切捨て） ⑥	3 2 5 0 0 0 0 0		0 0 0

各人の算出税額の計算

法定相続人の数 遺産に係る基礎控除額				
相続税の総額 ⑦			
一般の場合（⑩の場合を除く） あん分割合（各人の⑥／Ⓐ） ⑧	0 . 2 1 6 6 6 6 6 6 6		.
算出税額（⑦×各人の⑧） ⑨	2 7 7 7 6 6 6 円		円
農地等納税猶予の適用を受ける場合 算出税額（第3表⑧） ⑩			
相続税額の2割加算が行われる場合の加算金額（第4表⑦） ⑪	5 5 5 5 3 3 円		円

---

6 ま と め

　本件のような兄弟姉妹の相続の場合は，遺言書を作成することが重要です。特定の者に相続財産を相続させたい場合，あるいは異母兄弟（戸籍謄本を取ってはじめて知る場合は回避できませんが）に相続させたくない場合など，兄弟姉妹には遺留分がありませんので，遺言書が有効に機能するはずです。

ケース8	相続人の中に養子がいる場合

【相談内容】

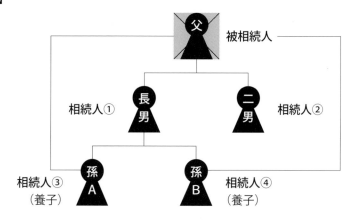

〈遺産内容〉

- 預金　　　　　6,000万円
- 有価証券　　　1,200万円
- 生命保険金　　2,000万円（受取人：孫A，孫B各1,000万円ずつ）

※孫A，Bともに長男の子。未成年ではない。
※普通養子縁組による養子。いわゆる孫養子。

〈遺産分割〉

二男，孫A，Bで3分の1ずつ取得

〈相続人の要望〉

相続人の中に養子がいる場合はどのように相続税の申告をすればよいでしょうか。

---

1 税理士のアドバイス

相続税の節税対策として，養子縁組があります。

相続人が増えることで，相続税の計算において，法定相続人の数が増え，基礎控除額や税金計算等が変わり相続税の節税につながるというものです。

ただし，相続人の取扱いは，民法と相続税法においては異なります。また，安易に節税目的で養子縁組をしてしまうと，2割加算の対象となり相続税が増えてしまう可能性や遺産分割が煩雑になってしまう恐れがあります。

　本件では，相続税申告における養子の取扱いについて，民法との違い，相続税計算，遺産分割の留意点を解説していきます。

2 養子の種類

　養子とは，養子縁組によって養親の子になった者をいいます。

　養子縁組とは，血縁上の親子関係でない者との間に実際の親子と同じ関係を法律上，結ぶことができる制度です。養子縁組をした日から養親の子として効力が発生します。

　また，養子縁組は，「普通養子縁組」と「特別養子縁組」の2種類があります。

　2つの制度の違いについては図を参照してください。

普通養子縁組	特別養子縁組
〈縁組の成立〉 　養親と養子の同意により成立	〈縁組の成立〉 　養親の請求に対し家裁の決定により成立 　実父母の同意が必要（ただし，実父母が意思を表示できない場合や実父母による虐待など養子となる者の利益を著しく害する理由がある場合は，この限りでない）
〈要件〉 　養親：成年に達した者 　養子：尊属又は養親より年長でない者	〈要件〉 　養親：原則25歳以上（夫婦の一方が25歳以上であれば，一方は20歳以上で可） 　　　　配偶者がある者（夫婦双方とも養親） 　養子：原則，15歳に達していない者 　　　　子の利益のために特に必要があるときに成立
〈実父母との親族関係〉 　実父母との親族関係は終了しない	〈実父母との親族関係〉 　実父母との親族関係が終了する
〈監護期間〉 　特段の設定はない	〈監護期間〉 　6月以上の監護期間を考慮して縁組
〈離縁〉 　原則，養親及び養子の同意により離縁	〈離縁〉 　養子の利益のために特に必要がある時に養子，実親，検察官の請求により離縁
〈戸籍の表記〉 　実親の名前が記載され，養子の続柄は「養子（養女）」と記載	〈戸籍の表記〉 　実親の名前が記載されず，養子の続柄は「長男（長女）」等と記載

（厚生労働省ホームページより抜粋）

　相続税申告において，普通養子の場合には，実父母との親子関係は継続している

ため，実父母に相続が発生した場合にも相続人となることがポイントになります。

　本事例の場合には，孫A・Bは，「父」の養子として相続人となり，また，「長男」の実子としての相続人にもなります。

3　民法上と相続税法上の養子の取扱いの違い

　民法上の養子に対しての考え方は，普通養子縁組も特別養子縁組もどちらも相続人として取り扱われます。ただし，相続税法においては違います。特別養子縁組は相続人となりますが，普通養子縁組は，課税公平の観点から一定の制限が設けられています。

　一定の制限とは，むやみに養子の数を増やすことで相続税の租税回避を防止するために規定されており，相続税の基礎控除，生命保険や死亡退職金の非課税枠，相続税の総額計算において法定相続人として計算できる養子の数を下記の人数までと制限しています。

> （相続税法15の2）
> 〈一定の制限〉
> ⑴　実子がいる場合…　養子の数は1人まで
> ⑵　実子がいない場合…養子の数は2人まで

　本事例の場合，上記規定により「実子がいる場合」に該当するため，法定相続人の数は，3人となります。

　なお，民法上においては，双方に縁組の意思確認その他一定の要件を満たせば，養子縁組に制限がありません。また，専ら相続税の節税のために養子縁組する場合においても養子縁組の効果は無効とはならないことが最高裁判例にもあります（民法802条1，最高裁第三小法廷平成29年1月31日判決，平成28（受）1255号養子縁組無効確認請求事件）。

　対して，相続税法においては上記「一定の制限」の他に，「相続人の数に算入される養子の数の否認」という別規定により相続税の負担を不当に減少させると税務署長が更正又は決定した場合には養子が法定相続人として計算できないこともあります（相法63）ので留意してください。

4　実子とみなす場合

　「実子」とは，血縁関係のある子供のことをいいますが，相続税計算においては

下記の者も実子とみなされ含みます。実子は，上記**3**「一定の制限」は受けないため，必ず法定相続人として計算します。（相法15の3，相令3の2）

> (1) 被相続人との特別養子縁組により被相続人の養子となっている人
> (2) 被相続人の配偶者の実の子供で被相続人の養子となっている人
> (3) 被相続人と配偶者の結婚前に特別養子縁組によりその配偶者の養子となっていた人で，被相続人と配偶者の結婚後に被相続人の養子となった人
> (4) 被相続人の実の子供，養子又は直系卑属が既に死亡しているか，相続権を失ったため，その子供などに代わって相続人となった直系卑属。なお，直系卑属とは子供や孫のことです。

(国税庁ホームページタックスアンサー「NO.4170相続人の中に養子がいるとき」より抜粋)

5 相続税額の計算における影響

相続人の中に養子がいる場合には，法定相続人の数を基に計算を行います（相法12，15，16，63，相基通63−1）。

すなわち，本事例の場合には，法定相続人は3人として下記の計算を行います。

> (1) 相続税の基礎控除額 … 3,000万円＋600万円×法定相続人の数
> (2) 生命保険金の非課税限度額 …500万円×法定相続人の数
> (3) 死亡退職金の非課税限度額 …500万円×法定相続人の数
> (4) 相続税の総額計算「課税遺産総額×各法定相続人の法定相続分×税率」

6 相続人の中に養子がいる場合の影響・留意点

(1) 2割加算の計算

被相続人と養子との関係により，2割加算の対象になるか否かが異なりますので判断が必要となります（相法18）。

① 孫養子（2割加算の対象）

本事例のような孫養子の場合には，一親等の法定血族に該当しないため，2割加算の対象となります。ただし，孫養子の場合でも，代襲相続の場合には2割加算不要となります。

② ①以外の養子（2割加算は不要）

孫養子以外の養子は，2割加算の対象とはなりません。また，上記**3**の「一定の制限」を受けた養子についても同様の取扱いとなり，2割加算の対象となりません。

⑵　遺　産　分　割

　遺産分割において，養子も実子と同様の法定相続分となります。そのため，被相続人に実子がいる場合おいて，養子として相続人を増やすときは，実子の法定相続分は少なくなるため遺産分割が不公平となり，争いになる可能性があります。また，本事例では該当しませんが仮に養子が未成年の場合には未成年後見人又は特別代理人を選任しなければなりません。

　遺産分割のことを踏まえると，他の相続人に説明もせず，節税のためだけに養子縁組をしてしまうと争いを誘発する可能性があるため，養子縁組前には相続人には事前に説明しておくとよいでしょう。

⑶　遺留分侵害額請求

　養子にも実子と同様に遺留分が認められています。民法上は，養子の数に制限はなく，かつ遺留分侵害額請求の割合も実子と同様となります。

　養子を増やすことで，他の相続人への遺留分抑制効果があるため，特定の相続人の遺留分を減らしたい場合には，養子縁組を活用することを検討してもよいでしょう。

7　相続税申告書等の記載例

　本事例の場合の第2表，第4表，第9表の相続税申告書の記載方法を確認していきましょう。

相続税の総額の計算書

被相続人	父

この表は、第1表及び第3表の「相続税の総額」の計算のために使用します。

なお、被相続人から相続、遺贈や相続時精算課税に係る贈与によって財産を取得した人のうちに農業相続人がいない

場合は、この表の⑨欄及び⑩欄並びに⑨から⑪欄までは記入する必要がありません。

法定相続人は3人として計算します。

○この表を修正申告書の第2表として使用するときは、④欄には修正申告書第1表の⑥欄の⑥⑥の金額を記入し、⑥欄には修正申告書第3表の1の⑥欄の⑥⑥の金額を記入します。

① 課税価格の合計額	② 遺産に係る基礎控除額	③ 課税遺産総額
(イ)(第1表⑥⑥) 77,000 ,000 円	3,000万円 + (600万円 × (回の法定相続人の数) 3 人) = (ハ) 4,800 万円	(ニ) (イ)−(ハ) 29,000 ,000 円
(ホ)(第3表⑥⑥) ,000	回の人数及び(ハ)の金額を第1表(ロ)へ転記します。	(ヘ) (ホ)−(ハ) ,000

④ 法定相続人 ((注) 1参照)		⑤ 左の法定相続人に応じた法定相続分	第1表の「相続税の総額⑦」の計算		第3表の「相続税の総額⑦」の計算	
氏 名	被相続人との続柄		⑥ 法定相続分に応ずる取得金額 (ニ)×⑤ (1,000円未満切捨て)	⑦ 相続税の総額の基となる税額 下の「速算表」で計算します。	⑨ 法定相続分に応ずる取得金額 (ヘ)×⑤ (1,000円未満切捨て)	⑩ 相続税の総額の基となる税額 下の「速算表」で計算します。
長男	長男	$\frac{1}{3}$	9,666 ,000 円	966,600 円	,000 円	円
二男	二男	$\frac{1}{3}$	9,666 ,000	966,600	,000	
孫A	養子	$\frac{1}{3}$	9,666 ,000	966,600	,000	
孫B	養子		,000		,000	
			,000		,000	
			,000		,000	
			,000		,000	
			,000		,000	
法定相続人の数	⑥ 人 3	合計 1	⑧ 相続税の総額 (⑦の合計額) (100円未満切捨て) 2,899,800	00	⑪ 相続税の総額 (⑩の合計額) (100円未満切捨て)	00

税額計算も法定相続人は3人として計算します。

(注) 1 ④欄の記入に当たっては、被相続人に養子がある場合や相続の放棄があった場合には、「相続税の申告のしかた」をご覧ください。

2 ⑧欄の金額を第1表⑦欄へ転記します。財産を取得した人のうちに農業相続人がいる場合は、⑧欄の金額を第1表⑦欄へ転記するとともに、⑪欄の金額を第3表⑦欄へ転記します。

相 続 税 額 の 加 算 金 額 の 計 算 書

	被相続人	父

第4表（令和3年4月分以降用）

この表は、相続、遺贈や相続時精算課税に係る贈与によって財産を取得した人のうちに、被相続人の一親等等の血族（代襲して相続人となった直系卑属を含みます。）及び配偶者以外の人がいる場合に記入します。

なお、相続や遺贈により取得した財産のうちに、次の管理残額がある人は、第4表の付表を作成します。

イ　租税特別措置法第70条の2の2（直系尊属から教育資金の一括贈与を受けた場合の贈与税の非課税）第12項第2号に規定する管理残額のうち、平成31年4月1日から令和3年3月31日までの間であって、被相続人の相続開始前3年以内に被相続人から取得した信託受益権又は金銭等に係る部分

ロ　租税特別措置法第70条の2の3（直系尊属から結婚・子育て資金の一括贈与を受けた場合の贈与税の非課税）第12項第2号に規定する管理残額のうち、令和3年3月31日までに被相続人から取得した信託受益権又は金銭等に係る部分

（注）一親等の血族であっても相続税額の加算の対象となる場合があります。詳しくは「相続税の申告のしかた」をご覧ください。

加算の対象となる人の氏名		孫A	孫B		
各人の税額控除前の相続税額 （第1表⑨又は第1表⑩の金額）	①	1,014,930 円	985,932 円	円	円
相続開始の時までに継続して被相続人等となっている場合等の一時的に相続人となった場合を除く人に、「孫子」が相続人となっている場合の被相続人の一親等の血族であった期間内にその被相続人から相続時精算課税に係る贈与によって取得した財産の価額	②				
	被相続人から相続、遺贈や相続時精算課税に係る贈与によって取得した財産などで相続税の課税価格に算入された財産の価額（第1表①＋第1表②＋第1表⑤）	③			
	加算の対象とならない相続税額（①×④÷③）	④			
措置法第70条の2の2第12項第2号に規定する管理残額がある場合の加算の対象とならない相続税額（第4表の付表⑦）	⑤				
措置法第70条の2の3第12項第2号に規定する管理残額がある場合の加算の対象とならない相続税額（第4表の付表⑭）	⑥				
相続税額の加算金額 （①×0.2） ただし、上記②〜⑥の金額がある場合には、 {（①-④-⑤-⑥）×0.2}となります。	⑦	202,986 円	197,186 円	円	円

孫A，Bが相続したものは2割加算の対象となります。
①各人の税額控除前の相続税額を記載します。

⑦に記載する金額について
①の金額×0.2をした金額を記載します

（注）1　相続時精算課税適用者である孫が相続開始の時までに被相続人の養子となった場合には、相続時精算課税に係る贈与を受けている人で、かつ、相続開始の時までに被相続人との続柄に変更があった場合」には含まれませんので②欄から④欄までの記入は不要です。

2　各人の⑦欄の金額を第1表のその人の「相続税額の2割加算が行われる場合の加算金額⑪」欄に転記します。

生命保険金などの明細書

被相続人	父

1 相続や遺贈によって取得したものとみなされる保険金など

この表は、相続人やその他の人が被相続人から相続や遺贈によって取得したものとみなされる生命保険金、損害保険契約の死亡保険金及び特定の生命共済金などを受け取った場合に、その受取金額などを記入します。

保険会社等の所在地	保険会社等の名称	受取年月日	受取金額	受取人の氏名
東京都中央区日本橋小伝馬町14-10	○△□生命保険会社	3・11・1	10,000,000 円	孫A
東京都中央区日本橋小伝馬町14-10	○△□生命保険会社	3・11・1	10,000,000	孫B
		・・		
		・・		
		・・		

(注) 1 相続人（相続の放棄をした人を除きます。以下同じです。）が受け取った保険金などのうち一定の金額は非課税となりますので、その人は、次の2の該当欄に非課税となる金額と課税される金額とを記入します。
2 相続人以外の人が受け取った保険金などについては、非課税となる金額はありませんので、その人は、その受け取った金額そのままを第11表の「財産の明細」の「価額」の欄に転記します。
3 相続時精算課税適用財産は含まれません。

2 課税される金額の計算

この表は、被相続人の死亡によって

非課税金額の計算も法定相続人3人として計算します。

保険金の非課税限度額	〔第2表の④の法定相続人の数〕（５００万円× **3** 人 により計算した金額を右の④に記入します。）	④ 円 15,000,000

保険金などを受け取った相続人の氏名	① 受け取った保険金などの金額	② 非課税金額 $\left(④ \times \dfrac{各人の①}{⑧} \right)$	③ 課税金額 （①－②）
孫A	10,000,000 円	7,500,000 円	2,500,000 円
孫B	10,000,000	7,500,000	2,500,000
合計	⑧ 20,000,000	15,000,000	5,000,000

(注) 1 ⑧の金額が④の金額より少ないときは、各相続人の①欄の金額がそのまま②欄の非課税金額となりますので、③欄の課税金額は0となります。
2 ③欄の金額を第11表の「財産の明細」の「価額」欄に転記します。

第9表(令元.7)　　　　　　　　　　　　　　　　　　　　（資4−20−10−A4統一）

8 　ま　と　め

　本事例のように，孫を養子にして財産を相続させた場合，一代飛ばして「父」から「孫」へ遺産を相続することができます。一代飛ばしを行うことで，子と孫との二度の相続税の支払いが一度で済むこととなり相続税の節税を行うことができるのです。

　しかし，安易に養子縁組を行うことで，２割加算の対象となり相続税の増額や遺産分割で揉めてしまうということもあるため養子縁組を行う前には専門家に相談の上，慎重に判断すべきでしょう。

ケース9 相続放棄者がいる場合

【相談内容】

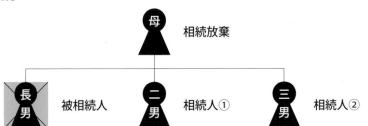

　相続人であった母が相続放棄したため，二男，三男が相続人として相続により財産を取得している。

※父は40年前に死去のため数次相続には該当しない，また，母の祖父母も死去している。

※長男は未婚であり，配偶者子供はいない。

※相続人の中に，未成年者はいない。

〈遺産内容〉

・預金　　　　　3,000万円

・生命保険金　　1,000万円（受取人：母）

・死亡退職金　　 600万円（受取人：母）（※）

　（※）退職給与規定により支給が定められており，当該規定により取得者は配偶者又は一親等血族となっていたため母が取得している。

〈相続人の要望〉

　相続放棄者がいる場合の相続申告書はどうなるか知りたい。

1　税理士のアドバイス

　相続人は，相続開始日があったことを知ったときから3か月以内の相続放棄の手続きを行った場合には相続放棄することができます（民法915①）。

　相続放棄については，上記3か月の熟慮期間内であっても一度選択してしまうと

撤回することができないので，慎重に判断すべきです（民法919②）。

また，相続人の中に相続放棄者がいる場合には，相続税申告の計算においても多くの点に影響がありますので解説していきます。具体的には，相続放棄するケースとしては下記の通りです。

（相続放棄をするケース）
・被相続人に多額の借金があったケース
・被相続人が友人の借金の連帯保証人になっていたケース
・二次相続を踏まえたとき，相続放棄した方が有利なケース
・揉めそうな相続に関わりたくないために相続放棄するケース
・相続人が生活保護を受けており環境を変えたくなく相続放棄するケースなど

---

2 相続放棄手続き

相続放棄は，被相続人の最後の住所地の家庭裁判所に相続の放棄をする旨の申述をすることにより行います（民法938）。

具体的には，裁判所のホームページにある「相続放棄申述書」と戸籍等の添付書類を提出する手続きを行い，裁判所が「申述が本人の自由な意思に基づいているものか」を確認し，受理すれば，民法上，相続開始の時点から相続人でなかったものとみなされます（民法939）。

3 相続放棄のメリット・デメリット

(1) 相続放棄のメリット

相続放棄のメリットは，相続によって相続人が不利益を被ることを防げる点です。相続で財産が得られると思っていたのに，被相続人が残した借金を肩代わりすることになってしまっては，その後の人生設計に狂いが生じてしまうでしょう。

また，遺産分割などの相続人同士の争いに巻き込まれることがないというのも相続放棄のメリットです。

(2) 相続放棄のデメリット

相続放棄のデメリットは，一度選択をすると撤回ができないという点です。相続放棄の手続きは，3か月以内に行いますが，その後に被相続人の財産が新たに発覚してしまった場合にも財産を取得することができません。

また，相続放棄した人の子は代襲相続できないことになってしまうのもデメリッ

トといえるでしょう。

4 遺産分割協議への不参加

　家庭裁判所を通して正式に一切の財産を引き継がないことを宣言するわけですから，その後の遺産分割協議に参加する必要はありません。

5 限定承認との違い

　限定承認とは，被相続人が有していたプラスの財産の範囲内でのみマイナスの財産を相続するための手続きです（民法922）。この限定承認をするためには，相続放棄と同じように，相続の開始を知った日から3か月以内に家庭裁判所に申し立てる必要があります（民法915①）。

　ただし，相続放棄は1人でもできるのに対して，限定承認は相続人全員が共同で申し立てなければなりません（民法923）。また，相続債権者や受遺者に対して，請求を申し出るよう公告や催告をする手続きも必要です（民法927）。

　そのため，実務上，限定承認が行われることはあまり多くないでしょう。

6 相続放棄の相続計算上の留意点

　本件の相談事案について，相続税の課税関係は下記の通りに取り扱われます。

(1) 基礎控除

　相続の放棄はなかったものとして計算します（相法15②）。したがって，本件の基礎控除額は，36,000千円となります。

(2) 相続税の総額

　相続税の総額計算においても放棄がなかったものとして法定相続分の計算をします。したがって，本件では，相続財産から相続税の基礎控除を差し引いた金額を法定相続按分する場合の計算は1人で取得したものとして計算します（相法16）。

(3) 生命保険金・死亡退職金の非課税枠計算

　生命保険及び退職金の非課税枠は，「500万円×法定相続人の数」で計算します。その法定相続人の数についても上記(1)及び(2)と同様の取扱いとなり，本件の場合に

は法定相続人の数は1人として扱われます。(相法12⑤)

⑷　生命保険金，死亡退職金の非課税の適用可否

　生命保険金や死亡退職金については，受取人固有財産であり，遺産ではないため相続放棄したとしても受け取ることができます。したがって，相続放棄者である母は生命保険金・死亡保険金自体を受け取ることは可能となります。

　しかし，母は相続放棄者であり，民法上，相続人ではないため生命保険金及び死亡退職金の非課税の適用はできません。

⑸　２割加算の適用可否

　被相続人の一親等の血族等以外の者が相続した場合には，偶発性が強いことから相続税の２割加算の対象となります。本件の場合，母は，一親等の血族であることから相続放棄者であったとしても２割加算の対象とはなりません（相法18，相基通18−1）。

　対して，二男，三男は，一親等血族以外の者に該当するため，本件相続により預金を取得することは２割加算の対象となり，その者の相続税額にその相続税額の２割に相当する金額が加算されます（相法18）。

⑹　そ　の　他

　本件の事案では想定されませんが，仮に下記課税関係の適用があった場合については，以下の通りです。

・債務…控除できない（葬式費用は適用可能）
・配偶者の税額軽減…適用可能
・未成年者控除・障害者控除…適用可能
・相次相続控除…適用できない
・生前贈与加算…遺贈で財産を取得していたら加算対象

７　相続税申告書等の記載例

　相続税申告書の記載方法を確認していきましょう。

　本相談事例の，第２表，第９表，第10表は下記の通りとなります。

相続税の総額の計算書

被相続人 長男

この表は、第1表及び第3表の「相続税の総額」の計算のために使用します。
なお、被相続人から相続、遺贈や相続時精算課税に係る贈与によって財産を取得した人のうちに農業相続人がいない場合は、この表の⑧欄及び⑪欄並びに⑨欄から⑪欄までは記入する必要がありません。

○ この表を修正申告書の第2表として使用するときは、④欄には修正申告書第1表の⑥欄の⑥Ⓐの金額を記入し、⑧欄には修正申告書第3表の1の⑥欄の⑥Ⓐの金額を記入します。

① 課税価格の合計額	② 遺産に係る基礎控除額	③ 課税遺産総額
④ (第1表 ⑥Ⓐ) 46,000,000 円 ⑥ (第3表 ⑥Ⓐ) ,000	3,000万円＋（600万円× 1 （Ⓐの法定 相続人の数）人）＝ Ⓐ 万円 3,600 回の人数及びⒶの金額を第1表Ⓑへ転記します。	（二） （④－Ⓐ） 10,000,000 円 （へ） （⑥－Ⓐ） ,000

④ 法定相続人 （（注）1参照）		⑤ 左の法定 相続人に 応じた 法定相続分	第1表の「相続税の総額⑦」の計算		第3表の「相続税の総額⑦」の計算	
氏　名	被相続 人との 続柄		⑥ 法定相続分に 応ずる取得金額 （二）×⑤） (1,000円未満切捨て)	⑦ 相続税の総額の 基となる税額 （下の「速算表」 で計算します。）	⑨ 法定相続分に 応ずる取得金額 （へ）×⑤） (1,000円未満切捨て)	⑩ 相続税の総額の 基となる税額 （下の「速算表」 で計算します。）
母	母	1/1	10,000,000 円	1,000,000 円	,000 円	,000 円
			,000		,000	
			,000		,000	
			,000		,000	
			,000		,000	
			,000		,000	
			,000		,000	
			,000		,000	
法定相続人の数	Ⓐ 人 1	合計 1	⑧ 相続税の総額 （⑦の合計額） (100円未満切捨て) 1,000,000 円		⑪ 相続税の総額 （⑩の合計額） (100円未満切捨て) 00 円	

放棄はなかったものとして取り扱うため，法定相続人は「母」，「1人」となります。

(注) 1　④欄の記入に当たっては、被相続人に養子がある場合や相続の放棄があった場合には、「相続税の申告のしかた」をご覧ください。
　　 2　⑧欄の金額を第1表⑦欄へ転記します。財産を取得した人のうちに農業相続人がいる場合は、⑧欄の金額を第1表⑦欄へ転記するとともに、⑪欄の金額を第3表⑦欄へ転記します。

生命保険金などの明細書

被相続人 | 長男

1 相続や遺贈によって取得したものとみなされる保険金など

この表は、相続人やその他の人が被相続人から相続や遺贈によって取得したものとみなされる生命保険金、損害保険契約の死亡保険金及び特定の生命共済金などを受け取った場合に、その受取金額などを記入します。

保険会社等の所在地	保険会社等の名称	受取年月日	受取金額	受取人の氏名
東京都日本橋小伝馬町3-4-5	×××生命保険会社	3・3・15	10,000,000 円	母
		・・		
		・・		
		・・		
		・・		

(注) 1 相続人（相続の放棄をした人を除きます。以下同じです。）が受け取った保険金などのうち一定の金額は非課税となりますので、その人は、次の2の該当欄に非課税となる金額と課税される金額とを記入します。
2 相続人以外の人が受け取った保険金などについては、非課税となる金額はありませんので、その人は、その受け取った金額そのままを第11表の「財産の明細」の「価額」の欄に転記します。
3 相続時精算課税適用財産は含まれません。

2 課税される金額の計算

この表は、被相続人の死亡によって相続人が生命保険金などを受け取った場合に、記入します。

保険金の非課税限度額	〔第2表のⒶの法定相続人の数〕（５００万円× 1 人 により計算した金額を右のⒶに記入します。）	Ⓐ 円 5,000,000

保険金などを受け取った相続人の氏名	① 受け取った保険金などの金額	② 非課税金額 $\left(Ⓐ \times \dfrac{各人の①}{Ⓑ}\right)$	③ 課税金額（①-②）
	円	円	円
	相続放棄者は，民法上，相続人ではないため非課税枠の適用はありません。		
合　　　　計	Ⓑ		

(注) 1 Ⓑの金額がⒶの金額より少ないときは、各相続人の①欄の金額がそのまま②欄の非課税金額となりますので、③欄の課税金額は0となります。
2 ③欄の金額を第11表の「財産の明細」の「価額」欄に転記します。

第9表(令元.7) | (資4-20-10-A4統一)

退 職 手 当 金 な ど の 明 細 書

被 相 続 人	長男

1　相続や遺贈によって取得したものとみなされる退職手当金など

この表は、相続人やその他の人が被相続人から相続や遺贈によって取得したものとみなされる退職手当金、功労金、退職給付金などを受け取った場合に、その受取金額などを記入します。

勤務先会社等の所在地	勤務先会社等の名称	受取年月日	退職手当金などの名称	受 取 金 額	受取人の氏名
東京都日本橋小伝馬町1−2−3	株式会社トゥモローズ	3・2・28	死亡退職金	6,000,000 円	母
		・・			
		・・			
		・・			
		・・			

（注）　1　相続人（相続の放棄をした人を除きます。以下同じです。）が受け取った退職手当金などのうち一定の金額は非課税となりますので、その人は、次の2の該当欄に非課税となる金額と課税される金額とを記入します。
　　　　2　相続人以外の人が受け取った退職手当金などについては、非課税となる金額はありませんので、その人は、その受け取った金額そのままを第11表の「財産の明細」の「価額」の欄に転記します。

2　課税される金額の計算

この表は、被相続人の死亡によって相続人が退職手当金などを受け取った場合に、記入します。

退職手当金などの非課税限度額	（500万円× [第2表のⒶの法定相続人の数] 1 人 により計算した金額を右のⒶに記入します。）	Ⓐ　　　　　　　円　　5,000,000

退 職 手 当 金 な ど を 受 け 取 っ た 相 続 人 の 氏 名	① 受 け 取 っ た 退 職 手 当 金 な ど の 金 額	② 非 課 税 金 額 $\left(Ⓐ \times \dfrac{各人の①}{Ⓑ} \right)$	③ 課 税 金 額 （①−②）
	円	円	円
合　　　　　計	Ⓑ		

> 相続放棄者は，民法上，相続人ではないため
> 非課税枠の適用はありません。

（注）　1　Ⓑの金額がⒶの金額より少ないときは、各相続人の①欄の金額がそのまま②欄の非課税金額となりますので、③欄の課税金額は0となります。
　　　　2　③欄の金額を第11表の「財産の明細」の「価額」欄に転記します。

第10表(令元.7)　　　　　　　　　　　　　　　　　　　　　　　　　（資4−20−11−A4統一）

8 ま と め

　相続放棄者がいる場合には，3か月以内に諸手続きを行う必要があるため，予め被相続人の財産を把握していないとスケジューリングが非常にタイトです。

　また，税理士としての節税提案としても，本ケースのように，被相続人には配偶者や子がおらず，かつ，直系尊属が存命の場合において，直系尊属の財産が多くあるときは，相続放棄の検討が必要になります。

　すなわち，上の世代に戻るべく財産を直接兄弟姉妹に移すことによって，家族全体の相続税の負担を抑えることができる可能性があるからです。

　相続人の中に相続放棄者がいる場合には，手続きに関するスケジューリング及び相続税計算において，「相続人」，「法定相続人」の捉え方が複雑化するので留意が必要です。

<table>
<tr><td rowspan="2">ケース 10</td><td rowspan="2" style="font-size:2em">特別の寄与者がいる場合</td><td>関連する申告書等</td></tr>
<tr><td>第 4 表
第11表
第13表</td></tr>
</table>

【相談内容】

被相続人
（85歳）
相続開始日　令和 3 年 9 月20日

長男の妻　A　　　相続人①（55歳）　長男　相続人②（52歳）

〈遺産〉
　自宅
　預貯金

〈相続人の状況〉
・父は長男家族と東京で同居していた。
・長男が10年前に亡くなったが，長男の妻Aは引き続き父と同居していた。
・相続開始前 5 年間は父が要介護状態であったため，Aが日常生活の介護を行っていた。
・長女は12年前より海外在住。
・二男は家族とともに北海道在住。
・遺言書はなかった。
・Aは相続人に対して特別寄与料の支払いを請求している。
・相続人である長女，二男は協議の上，10,000千円を支払うことに同意した。

1 税理士のアドバイス

　平成30年の民法（相続法）改正により，特別の寄与制度が設けられました。従来から寄与分（民法904の 2 ）は認められていましたが，その対象は相続人に限られていました。そのため，本事例のAのような相続人の親族は遺産の分配を請求することができませんでした。

改正により「被相続人の親族」であれば特別の寄与料の請求ができることとなったのです。

本事例で相続人は特別寄与料の請求に応じましたので，相続人は寄与料の債務控除を受けることができます。Aが取得した寄与料はみなし遺贈として相続税申告の必要がありますので，その概要について確認していきます。

② 特別寄与料を請求できる者

特別寄与料を請求できるのは「被相続人の親族」です。

親族とは6親等以内の血族，配偶者，3親等以内の姻族をいいますが，相続人・相続を放棄した者・欠格事由等により相続人でなくなった者は除かれています。

配偶者の連れ子も上記姻族に含まれるため，被相続人との養子縁組の有無は問われません。

③ 特別の寄与とは

民法においては寄与行為は限定されていませんが，改正された民法（相続法）においては特別の寄与行為は「療養看護その他の労務の提供」に限定されています。労務の提供には，例示されている療養看護，事業に関するもの等が該当し，労務の対価を受け取っていない（もしくはそれに近い状態である）ことが要件とされています。

【寄与と特別の寄与の違い】

	寄与	特別の寄与
条文	民法904の2	民法1050
請求者	相続人	被相続人の親族
対象行為	労務の提供，財産の給付	労務の提供
取得原因	相続	遺贈
請求方法	遺産分割	相続人に請求
2割加算	なし（兄弟姉妹等の2割加算対象者は通常通り有）	あり

④ 特別寄与料の算定

寄与の時期，方法及び程度，相続財産の額その他の一切の事情を考慮して特別寄与料の額を定めるものとされました（民法1050③）。また，特別寄与料の額は相続

財産の価額から遺贈の価額を控除した残額を超えることはできないとして上限が設けられています（民法1050④）。

　これは，以前から認められていた相続人の寄与分の算定と同様の基準といえます。実務においては，労務の提供に対する相当の対価を算出した上で，被相続人と寄与者との身分関係その他の事情を考慮した上で金額を算出します。

　本事例のような療養看護の労務提供の場合には，次の算式により算出します。

> 介護報酬相当額　×　療養看護の日数　×　裁量割合（0.5－0.8）

　労務提供者が介護や看護の専門家ではないといった事情を考慮して裁量割合を乗じることとしています。

　従来の寄与分についての計算例として以下の判例があります。

　「日本臨床看護家政協会作成の看護補助者による看護料金表を基準に時間単位を算出，一日の平均介助時間を想定して報酬額を算出した上で，親族の相互扶助義務を考慮し，3割減価して寄与分の評価を行った」（東京家審平12.3）。

5　特別寄与者の税務

⑴　みなし遺贈

　特別寄与料は，相続人が取得する本来の財産ではなく，特別寄与料の金額を被相続人から遺贈により取得したものとみなして，相続税の対象となります（相法4②）。

⑵　2割加算と生前贈与加算

　特別寄与者が被相続人の一親等の血族及び配偶者に該当しない場合には，相続人以外の者として相続税額の2割加算の対象となります（相法18）。

　特別寄与者について生前贈与があった場合には，相続開始前3年以内の生前贈与については，相続税の課税価格に加算されます（相法19）。

⑶　申　告　期　限

　特別寄与者の相続税申告期限は，相続人の申告期限とは異なります。みなし遺贈により取得する特別寄与料の額が確定したことを知った日の翌日から10か月以内が特別寄与者の申告期限となります（相法29①）。

6 相続人の課税関係

(1) 債 務 控 除

　相続人が特別寄与料を，特別寄与者に支払う場合には各相続人が法定相続分（もしくは指定相続分）に応じて負担することとなります。負担する金額は債務控除を受けることができます（相法13④）。

(2) 更正の請求

　相続税の申告期限までに特別寄与料の額が確定しない場合には，遺産分割通りの申告を行い，特別寄与料の支払金額が確定した日の翌日から4か月以内に更正の請求等を行うことができます（相法31②，32①七，35②五）。

　これは，一般的な更正の請求期限である申告期限から5年以内に限らず，支払いが確定した日の翌日から4か月以内であれば認められるということです。

(3) 未分割の場合

　特別寄与料の額が確定していても，遺産分割が確定していない場合も考えられます。その場合には特別寄与料については一部分割が行われ，他の部分は未分割で申告することとなります。

相続税がかかる財産の明細書

（相続時精算課税適用財産を除きます。）

被相続人	父

○相続時精算課税適用財産の明細については、この表によらず第11の2表に記載します。

この表は、相続や遺贈によって取得した財産及び相続や遺贈によって取得したものとみなされる財産のうち、相続税のかかるものについての明細を記入します。

遺産の分割状況	区　　分	1 全 部 分 割	2 一 部 分 割	3 全 部 未 分 割
	分 割 の 日	・　・	・　・	・　・

財　産　の　明　細						分割が確定した財産	
種類	細目	利用区分、銘柄等	所在場所等	数量 / 固定資産税評価額 / 単価 / 倍数	価額	取得した人の氏名	取得財産の価額
土地	宅地			300 ㎡ / 円	円 70,000,000	長女	(持分1/2) 円 35,000,000
						長男	(持分1/2) 35,000,000
	(小計)				(70,000,000)		
〔計〕					〔 70,000,000〕		
家屋等	家屋等				10,000,000	長女	(持分1/2) 5,000,000
						長男	(持分1/2) 5,000,000
〔計〕					〔 10,000,000〕		
現金,預貯金等	預貯金				50,000,000	長女	(持分1/2) 25,000,000
						長男	(持分1/2) 25,000,000
〔計〕					〔 50,000,000〕		
その他の財産	その他				10,000,000	A	10,000,000
	(小計)				(10,000,000)		
〔計〕					〔 10,000,000〕		
〔合計〕					〔140,000,000〕		

Aが取得する財産 『特別の寄与料』

合計表	財産を取得した人の氏名	(各人の合計)	長女	長男	A		
	分割財産の価額 ①	円 140,000,000	円 65,000,000	円 65,000,000	円 10,000,000	円	円
	未分割財産の価額 ②						
	各人の取得財産の価額（①＋②）③	140,000,000	65,000,000	65,000,000	10,000,000		

(注) 1 「合計表」の各人の③欄の金額を第1表のその人の「取得財産の価額①」欄に転記します。
　　 2 「財産の明細」の「価額」欄は、財産の細目、種類ごとに小計及び計を付し、最後に合計を付して、それらの金額を第15表の①から⑳までの該当欄に転記します。

第11表（令2.7） 　　　　　　　　　　　　　　　（資４−20−12−１−Ａ４統一）

94

債務及び葬式費用の明細書

被相続人 | 父

1　債務の明細

（この表は、被相続人の債務について、その明細と負担する人の氏名及び金額を記入します。なお、特別寄与者に対し相続人が支払う特別寄与料についても、これに準じて記入します。）

債　務　の　明　細						負担することが確定した債務	
種類	細目	債　権　者		発生年月日	金　額	負担する人	負担する
		氏名又は名称	住所又は所在地	弁済期限		の氏名	金　額
その他	特別寄与料	A		・ ・	円 10,000,000	長女	円 5,000,000
				・ ・		長男	5,000,000
				・ ・			
				・ ・			
				・ ・			
				・ ・			
				・ ・			
合　　　計					10,000,000		

法定相続分で負担

相続税額の加算金額の計算書

被相続人 | 父

この表は、相続、遺贈や相続時精算課税に係る贈与によって財産を取得した人のうちに、被相続人の一親等の血族（代襲して相続人となった直系卑属を含みます。）及び配偶者以外の人がいる場合に記入します。
なお、相続や遺贈により取得した財産のうちに、次の管理残額がある人は、第4表の付表を作成します。
イ　租税特別措置法第70条の2の2（直系尊属から教育資金の一括贈与を受けた場合の贈与税の非課税）第12項第2号に規定する管理残額のうち、平成31年4月1日から令和3年3月31日までの間であって、被相続人の相続開始前3年以内に被相続人から取得した信託受益権又は金銭等に係る部分
ロ　租税特別措置法第70条の2の3（直系尊属から結婚・子育て資金の一括贈与を受けた場合の贈与税の非課税）第12項第2号に規定する管理残額のうち、令和3年3月31日までに被相続人から取得した信託受益権又は金銭等に係る部分
（注）一親等の血族であっても相続税額の加算の対象となる場合があります。詳しくは「相続税の申告のしかた」をご覧ください。

加算の対象となる人の氏名		A			
各人の税額控除前の相続税額 （第1表⑨又は第1表⑩の金額）	①	円 1,046,154	円	円	円
被相続人の一親等の血族であった原因内にその被相続人から相続時精算課税に係る贈与によって取得した財産の価額	②	円	円	円	円
被相続人から相続、遺贈や相続時精算課税に係る贈与によって取得した財産などで相続税の課税価格に算入された財産の価額（第1表①＋第1表②＋第1表⑤）	③				
加算の対象とならない相続税額 （①×②÷③）	④				
措置法第70条の2の2第12項第2号に規定する管理残額がある場合の加算の対象とならない相続税額 （第4表の付表⑦）	⑤	円	円	円	円
措置法第70条の2の3第12項第2号に規定する管理残額がある場合の加算の対象とならない相続税額 （第4表の付表④）	⑥	円	円	円	円
相続税額の加算金額 （①×0.2） ただし、上記④～⑥の金額がある場合には、（（①－④－⑤－⑥）×0.2）となります。	⑦	209,230	円	円	円

（注）　1　相続時精算課税適用者である孫が相続開始の時までに、被相続人の養子となった場合は、「相続時精算課税に係る贈与を受けている人で、かつ、相続開始の時までに被相続人との続柄に変更があった場合」には含まれませんので②欄から④欄までの記入は不要です。
　　　　2　各人の⑦欄の金額を第1表のその人の「相続税額の2割加算が行われる場合の加算金額⑪」欄に転記します。

2割加算の対象

7 孫への特別寄与料

　もし，設例の海外在住長女の子供が特別寄与者となっていた場合はどうでしょうか。

　特別の寄与者として財産を取得した場合，世代を1つ飛ばすこととなりますが，世代飛ばしを目的として，多額の寄与料を支払った場合には認められない可能性が高いと考えます。特別寄与料の創設された経緯を考えても，その趣旨に反しているからです。

　ただし，実際に孫が療養看護等を行っていた場合には，相当と認められる金額の範囲内であれば特別寄与料として認められるでしょう。

8 ま　と　め

　特別の寄与料制度については平成30年民法改正で設けられた新しい制度です。

　今回は争いが起こらない事例でしたが，相続人でない親族が相続人に対して寄与料を請求することは遺産分割において争いが起こる可能性も高くなります。当事者間で協議が調わない場合には，特別寄与者が家庭裁判所に対して協議に代わる処分を請求することができます。

　また，特別寄与料の請求手続きには期間の制限があるため注意が必要です。相続開始のときから1年以内，もしくは相続開始及び相続人を知ったときから6か月以内となっています。

　相続開始前に特別寄与者に該当する可能性のある親族がいる場合には，相続開始後に争いになることを避けるため，事前に遺言書による遺贈の検討などのアドバイスが必要でしょう。

関連する申告書等
第4表
第4表の2
第11表の2
第14表

ケース11 生前贈与がある場合

【相談内容】

被相続人（76歳）　婚姻日　昭和47年11月22日　母　相続人①（73歳）

相続開始日　令和3年7月31日
（被相続人は相続開始日直前まで
意思能力があった）

長男　相続人②（46歳）　　相続人③（37歳）　長女

孫（24歳）　　孫（15歳）

〈相続財産〉

・現預金1億円

・自宅土地の50%　2,000万円（残りの50%は母が所有）

・自宅建物の100%　1,000万円

〈母に対するおしどり贈与〉

・被相続人は，母に対して，婚姻歴20年以上のため，相続開始年に居住用不動産
（相続税評価額2,000万円）を贈与している。

〈長男に対する相続時精算課税制度〉

・被相続人は，長男に対して，相続開始年の11年前に上場株式2,000万円（贈与時の
相続税評価額）につき相続時精算課税制度を利用して贈与し，「相続時精算課税選
択届出書」を添付し贈与税申告書を提出している。なお，遺産分割時の上場株式
の時価は4,000万円である。

〈長女に対する生前贈与〉

・被相続人は，長女に対して，相続開始年の10年前から相続開始日の年まで，毎年
200万円を現金で贈与している。母は，同様に長女に対して，相続開始日の10年

前から相続開始日の年まで，毎年150万円を現金で贈与している。したがって，贈与の合計額が350万円で，贈与税の基礎控除110万円を超えているため，毎年贈与税の申告をして，贈与税を納付している。

〈孫（長男の子）に対する教育資金贈与〉
・被相続人は，孫（長男の子）に対して，令和元年5月に1,500万円を教育資金として贈与している。「教育資金の一括贈与の非課税特例」の適用を受けるため，「教育資金非課税申告書」を取扱金融機関を通じて，納税地の所轄税務署署長に提出している。現在は大学を卒業して社会人1年目（24歳）である。なお，教育資金贈与1,500万円のうち，教育資金支出額として1,000万円を費消している（管理残高が500万円）。

〈孫（長女の子）に対する生前贈与〉
・被相続人は，孫（長女の子）に対して，相続開始日の5年前から相続開始日の年まで，毎年180万円を現金で贈与している。いずれの年も贈与税の基礎控除110万円を超えているため，贈与税の申告をして，贈与税を納付している。

〈相続人の要望〉

公平に遺産分割をするということであれば，長女が過去に父から贈与を受けた金額も持ち戻すべきだと思っていますので，それを前提とした遺産分割協議を行いたいです。なお，土地・家屋は母に相続してもらいたいです。

過去，父から長男に上場株式を精算課税により贈与していたということを聞きました。その上場株は，贈与当時の株価に比べ現在の株価が倍近くになっているようです。遺産分割においては現在の株価を基準に私の取り分を決めてもらいたいです。

1　税理士のアドバイス

　すでに被相続人から相続人が生前に贈与を受けている場合，相続人には特別受益が発生します。この特別受益を遺産分割の対象に含めるべきかどうかがポイントになります。

　長男に対しては，贈与時の上場株式の相続税評価額2,000万円ではなく，遺産分割の対象は遺産分割時の上場株式の時価である4,000万円で考えます。同様に，長

女に対しての生前贈与も特別受益として遺産分割に加味されます。

　また，おしどり贈与で母に対して贈与した居住用不動産は，以前の民法では遺産分割時にその贈与した居住用不動産を持ち戻して遺産分割の対象にしましたが，相続法改正により婚姻期間が20年以上の夫婦で居住用不動産の贈与があったときは，特別受益の持戻し免除の意思表示があったものと推定し，遺産分割の対象にしないことになりました（民法903④，2019年7月1日より施行）。

　本ケースでは特別受益がある場合の遺産分割協議のポイント及び相続税申告書の記載について解説します。

2 特　別　受　益

　特別受益とは，被相続人から相続人への「遺贈」，又は婚姻もしくは養子縁組のため，もしくは生計の資本としての「贈与」をいいます。特別受益の目的は，生前贈与などにより相続財産が減少したことによる不公平を是正することです。

　相続人に特別受益がある場合，相続財産に持ち戻し，相続財産とみなして，当該相続人の相続分から特別受益を差し引いた残額を当該相続人の相続分とします（民法903①）。

3 計　算　例

　遺産分割協議上の相続財産（特別受益を持ち戻した場合の相続財産），及び相続税申告書上の相続財産を比較します。

⑴　遺産分割協議上の相続財産

　まず，特別受益を持ち戻す者は，共同相続人になります。つまり，みなし相続財産の計算では，相続開始時点の財産に，相続人が受けた贈与（生前贈与）の価額を加えたものになります。本案件では，相続人である長女，長男に対する生前贈与が持戻しの対象になり，孫（長男の子）に対する教育資金贈与，及び孫（長女の子）に対する生前贈与は持戻しの対象とはなりません。また，前述の通り，母に対する居住用不動産の贈与も持戻しの対象とはなりません。

　遺産分割協議上の相続財産では，相続財産の不公平を是正するため，長男に対する相続時精算課税制度（相続開始時の価額4,000万円）及び長女に対する生前贈与（相続開始前に贈与を受けた財産200万円×10年＝2,000万円）を取得財産に加算します。

（単位：万円）

	被相続人
土地	2,000
家屋	1,000
現預金	10,000
長男に対する生前贈与（上場株式）	4,000
長女に対する生前贈与（現金）	2,000
特別受益を加味した遺産総額	19,000

上記のみなし相続財産に法定相続分を計算すると次のようになります。

（単位：万円）

	被相続人	母	長男	長女
上記遺産総額を法定相続分で按分	19,000	9,500	4,750	4,750
特別受益額	△6,000		△4,000	△2,000
相続開始時に現存していた遺産の分配額	13,000	9,500	750	2,750
（内訳）現預金	10,000	6,500	750	2,750
（内訳）土地	2,000	2,000		
（内訳）家屋	1,000	1,000		

　上記のように，母の相続分は9,500万円ですが，土地・家屋の評価額3,000万円があ
りますので，その分を控除すれば6,500万円になります。本案件では，預貯金が
1億円あります。したがって，預貯金を母へ6,500万円，長男へ750万円，長女2,750
万円に分割することで，相続人の要望に沿うことができます。

⑵　相続税申告書上の相続財産

　次に，相続税申告書上の相続財産では，長男に対する相続時精算課税贈与（贈与
時の相続税評価額2,000万円）及び長女に対する生前贈与（相続開始前3年以内に
贈与を受けた財産200万円×3年＝600万円）を取得財産に加算します。

【相続税申告書上の相続財産】

（単位：万円）

	被相続人	母	長男	長女	孫（長男の子）
土地	2,000	2,000			
家屋	1,000	1,000			
現預金	10,000	6,500	750	2,750	
相続時精算課税適用財産	2,000		2,000		
暦年課税分の贈与財産価額	600			600	
孫への教育資金贈与の管理残高	500				500
課税価格	16,100	9,500	2,750	3,350	500

※土地・家屋は母に，現預金は法定相続で分割。
※小規模宅地等の特例は加味していません。

4 留 意 点

(1) 特別受益について

　民法903条1項の条文より，特別受益を持ち戻す者は，共同相続人になります。前述の計算例で確認したように，本案件では，相続人である長女，長男に対する生前贈与が持戻しの対象です。ただし，相続人が子に対する扶養義務を怠ったことで学費などの贈与を受けた場合に，特別受益に当たるケースもありますので注意が必要です（神戸家尼崎支部昭和47年12月28日審判）。

　また，特別受益の持戻しの対象期間は無制限です。20年，30年前以上の特別受益であっても相続開始時点の財産に加算します。ただし，民法改正によって遺留分の計算の基礎となる特別受益の持戻しの対象期間は原則として10年間に制限されるようになりました（民法1044）。

(2) 孫（長男の子）に対する教育資金贈与について

　令和3年7月31日相続開始時点で，長男の子は24歳で，大学を卒業して社会人1年目です。また，相続開始日において教育訓練給付金の支給対象となる教育訓練を受講していない前提としますので，管理残高500万円が相続税の対象になります。

5 申告書の記載方法

(1) 母に対するおしどり贈与

　母に対するおしどり贈与については，相続財産に含める必要はありません。ただし，相続開始年に被相続人が贈与をした場合は，特定贈与財産価格として「第14表」に記載します。

(2) 長女に対する生前贈与，孫（長女の子）に対する生前贈与

　長女に対する生前贈与のうち相続開始日前3年以内のものについては，「第14表」に記載した上で，「第4表の2」で贈与税額控除を計算します。ただし，孫（長女の子）に対する生前贈与については，相続で財産を取得しないため，持ち戻す必要はありません。

(3) 長男に対する相続時精算課税制度

　長男に対する相続時精算課税制度の適用を受けた場合は，「第11の2表」に記載します。

⑷　長男の子（孫）に対する教育資金贈与

　管理残高500万円を「第4表の付表」に記載します。

　相続人以外の相続・遺贈の場合，相続税の2割加算対象ですが，教育資金贈与については贈与時期が平成31年4月1日から令和3年3月31日のため，2割加算対象外になります（贈与時期が令和3年4月1日以後は2割加算の対象です）。「第4表」に対象外である旨を記載します。

　最後に，相続税申告書の「第15表」になります。「第15表」の合計欄で，遺産分割協議通りに分割されていることを確認しますが，本稿では省略します。

純資産価額に加算される暦年課税分の
贈与財産価額及び特定贈与財産価額
出資持分の定めのない法人などに遺贈した財産
特定の公益法人などに寄附した相続財産・
特定公益信託のために支出した相続財産
　　　　　　　　　　　　　　　　　の明細書

被相続人	父

1 純資産価額に加算される暦年課税分の贈与財産価額及び特定贈与財産価額の明細

この表は、相続、遺贈や相続時精算課税に係る贈与によって財産を取得した人（注）が、その相続開始前3年以内に被相続人から暦年課税に係る贈与によって取得した財産がある場合に記入します。

（注）被相続人から租税特別措置法第70条の2の2（直系尊属から教育資金の一括贈与を受けた場合の贈与税の非課税）第10項第2号に規定する管理残額及び同法第70条の2の3（直系尊属から結婚・子育て資金の一括贈与を受けた場合の贈与税の非課税）第10項第2号に規定する管理残額以外の財産を取得しなかった人（その人が被相続人から相続時精算課税に係る贈与によって財産を取得している場合を除きます。）は除きます。

番号	贈与を受けた人の氏名	贈与年月日	種類	細目	所在場所等	数量	①価額	②①の価額のうち特定贈与財産の価額	③相続税の課税価格に加算される価額（①－②）
1	母	2・2・1	土地	宅地			20,000,000 円	20,000,000 円	0
2	長女	1・6・1	現金、預貯金等				2,000,000		2,000,000
3	長女	30・2・12	現金、預貯金等				2,000,000		2,000,000
4	長女	29・8・31	現金、預貯金等				2,000,000		2,000,000

贈与を受けた人ごとの③欄の合計額	氏名	（各人の合計）	母	長女		
	④金額	6,000,000 円	0 円	6,000,000 円	円	円

上記「②」欄において、相続開始の年に被相続人から贈与によって取得した居住用不動産や金銭の全部又は一部を特定贈与財産としている場合には、次の事項について、「（受贈配偶者）」及び「（受贈財産の番号）」の欄に所定の記入をすることにより確認します。

（受贈配偶者）　　　　　　　　　　　　　　　（受贈財産の番号）
私 母 は、相続開始の年に被相続人から贈与によって取得した上記 1 の特定贈与財産の価額については贈与税の課税価格に算入します。
なお、私は、相続開始の年の前年以前に被相続人からの贈与について相続税法第21条の6第1項の規定の適用を受けていません。

（注）④欄の金額を第1表のその人の「純資産価額に加算される暦年課税分の贈与財産価額⑤」欄及び第15表の㉔欄にそれぞれ転記します。

暦年課税分の贈与税額控除額の計算書

被相続人	父

この表は、第14表の「1 純資産価額に加算される暦年課税分の贈与財産価額及び特定贈与財産価額の明細」欄に記入した財産のうち相続税の課税価格に加算されるものについて、贈与税が課税されている場合に記入します。

	控除を受ける人の氏名	長女		
	贈与税の申告書の提出先	税務署	税務署	税務署

相続開始の年の前年分（　年分）

被相続人から暦年課税に係る贈与によって租税特別措置法第70条の2の5第1項の規定の適用を受ける財産（特例贈与財産）を取得した場合

① 相続開始の年の前年中に暦年課税に係る贈与によって取得した特例贈与財産の価額の合計額		3,500,000	円	円
② ①のうち被相続人から暦年課税に係る贈与によって取得した特例贈与財産の価額の合計額（贈与税額の計算の基礎となった価額）		2,000,000		
③ その年分の暦年課税分の贈与税額（裏面の「2」参照）		260,000		
④ 控除を受ける贈与税額（特例贈与財産分）（③×②÷①）		148,571		

被相続人から暦年課税に係る贈与によって租税特別措置法第70条の2の5第1項の規定の適用を受けない財産（一般贈与財産）を取得した場合

⑤ 相続開始の年の前年中に暦年課税に係る贈与によって取得した一般贈与財産の価額の合計額（贈与税額の配偶者控除後）			円	円
⑥ ⑤のうち被相続人から暦年課税に係る贈与によって取得した一般贈与財産の価額の合計額（贈与税額の計算の基礎となった価額）				
⑦ その年分の暦年課税分の贈与税額（裏面の「2」参照）				
⑧ 控除を受ける贈与税額（一般贈与財産分）（⑦×⑥÷⑤）				

> **各年の贈与税＝（350万円－110万円）×15％－10万円＝26万円**
> **贈与税額控除の対象額＝26万円×200万円／350万円※**
> 　　　　　　　≒148,571円
> ※被相続人からの生前贈与のみが対象。

相続時精算課税適用財産の明細書
相続時精算課税分の贈与税額控除額の計算書

被相続人	父

この表は、被相続人から相続時精算課税に係る贈与によって取得した財産（相続時精算課税適用財産）がある場合に記入します。

1 相続税の課税価格に加算する相続時精算課税適用財産の課税価格及び納付すべき相続税額から控除すべき贈与税額の明細

① 番号	① 贈与を受けた人の氏名	② 贈与を受けた年分	③ 贈与税の申告書を提出した税務署の名称	④ ②の年分に被相続人から相続時精算課税に係る贈与を受けた財産の価額の合計額（課税価格）	⑤ ④の財産に係る贈与税額（贈与税の外国税額控除前の金額）	⑥ ⑤のうち贈与税額に係る外国税額控除額
1	長男	平成21年分		20,000,000 円	円	円
2						
3						
4						
5						
6						

贈与を受けた人ごとの相続時精算課税適用財産の課税価格及び贈与税額の合計額		氏名	（各人の合計）	長男			
	⑦ 課税価格の合計額（④の合計額）		20,000,000 円	20,000,000 円	円	円	円
	⑧ 贈与税額の合計額（⑤の合計額）						
	⑨ ⑧のうち贈与税額に係る外国税額控除額の合計額（⑥の合計額）						

(注) 1 相続時精算課税に係る贈与をした被相続人がその贈与をした年の中途に死亡した場合の③欄は「相続時精算課税選択届出書を提出した税務署の名称」を記入してください。
2 ④欄の金額は、下記2の③の「価額」欄の金額に基づき記入します。
3 各人の⑦欄の金額を第1表のその人の「相続時精算課税適用財産の価額②」欄及び第15表のその人の㉛欄にそれぞれ転記します。
4 各人の⑧欄の金額を第1表のその人の「相続時精算課税分の贈与税額控除額㉓」欄に転記します。

2 相続時精算課税適用財産（1の④）の明細

（上記1の「番号」欄の番号に合わせて記入します。）

① 番号	① 贈与を受けた人の氏名	② 贈与年月日	③ 相続時精算課税適用財産の明細					
			種類	細目	利用区分、銘柄等	所在場所等	数量	価額
1	長男	21・5・31	有価証券					20,000,000 円

(注) 1 この明細は、被相続人である特定贈与者に係る贈与税の申告書第2表に基づき記入します。
2 ③の「価額」欄には、被相続人である特定贈与者に係る贈与税の申告書第2表の「財産の価額」欄の金額を記入します。ただし、特定事業用資産の特例の適用を受ける場合には、第11・11の2表の付表3の⑦の金額と⑦の金額に係る第11・11の2表の付表3の2の⑪の金額の合計額を、特定計画山場の特例の適用を受ける場合には、第11・11の2表の付表4の「2 特定受贈森林経営計画対象山林である選択特定計画山林の明細」の④欄の金額を記入します。

　　　　　　　　　　　　（資4-20-12-2-A4統一）

相続税額の加算金額の計算書付表

	被相続人	父

1　措置法第70条の2の2(直系尊属から教育資金の一括贈与を受けた場合の贈与税の非課税)第12項第2号に規定する管理残額がある場合

　この表は、相続、遺贈や相続時精算課税に係る贈与によって財産を取得した人のうちに、被相続人の一親等の血族(代襲して相続人となった直系卑属を含みます。)及び配偶者以外の人がいる場合において、それらの人のうちで、租税特別措置法第70条の2の2(直系尊属から教育資金の一括贈与を受けた場合の贈与税の非課税)第12項第2号に規定する管理残額(平成31年4月1日から令和3年3月31日までの間であって、被相続人の相続開始前3年以内に被相続人から取得した信託受益権又は金銭等に係る部分に限ります。)で被相続人から相続や遺贈により取得したものとみなされたものがある人が記入します。

(注)一親等の血族であっても相続税額の加算の対象となる場合があります。詳しくは「相続税の申告のしかた」をご覧ください。

加算の対象となる人の氏名		孫(長男の子)			
各人の税額控除前の相続税額 (第1表⑨又は第1表⑩の金額)	①	481,896 円	円	円	円
被相続人から相続や遺贈により取得したものとみなされる管理残額のうち、加算の対象とならない部分の金額 (裏面の「2」参照)	②	5,000,000 円	円	円	円
被相続人から相続、遺贈や相続時精算課税に係る贈与によって取得した財産で相続税の課税価格に算入された財産の価額 (第1表①+第1表②)	③	5,000,000			
債務及び葬式費用の金額 (第1表③)	④				
③-④ (赤字のときは0)	⑤	5,000,000			
純資産価額に加算される暦年課税分の贈与財産価額 (第1表⑤)	⑥				
加算の対象とならない相続税額 ①× ②／(⑤+⑥)　(①を超える場合には、①を上限とします。)	⑦	481,896 円	円	円	円

管理残高500万円を記載します。

(注)　1　「加算の対象となる人の氏名」欄には、相続や遺贈により取得した財産のうちに相続や遺贈により取得したものとみなされる管理残額(平成31年4月1日から令和3年3月31日までの間であって、被相続人の相続開始前3年以内に被相続人から取得した信託受益権又は金銭等に係る部分に限ります。)がある人の氏名を記載します。
　　　　2　各人の⑦欄の金額を第4表のその人の⑩欄に転記します。

相続税額の加算金額の計算書

	被相続人	父

　この表は、相続、遺贈や相続時精算課税に係る贈与によって財産を取得した人のうちに、被相続人の一親等の血族(代襲して相続人となった直系卑属を含みます。)及び配偶者以外の人がいる場合に記入します。
　なお、相続や遺贈により取得した財産のうちに、次の管理残額がある人は、第4表の付表を作成します。
　イ　租税特別措置法第70条の2の2(直系尊属から教育資金の一括贈与を受けた場合の贈与税の非課税)第12項第2号に規定する管理残額のうち、平成31年4月1日から令和3年3月31日までの間であって、被相続人の相続開始前3年以内に被相続人から取得した信託受益権又は金銭等に係る部分
　ロ　租税特別措置法第70条の2の3(直系尊属から結婚・子育て資金の一括贈与を受けた場合の贈与税の非課税)第12項第2号に規定する管理残額のうち、令和3年3月31日までに被相続人から取得した信託受益権又は金銭等に係る部分
(注)一親等の血族であっても相続税額の加算の対象となる場合があります。詳しくは「相続税の申告のしかた」をご覧ください。

加算の対象となる人の氏名		孫(長男の子)			
各人の税額控除前の相続税額 (第1表⑨又は第1表⑩の金額)	①	481,896 円	円	円	円
相続開始の時において被相続人の一親等の血族であった期間内にその被相続人から相続時精算課税に係る贈与によって取得した財産の価額	②	円	円	円	円
被相続人から相続、遺贈や相続時精算課税に係る贈与によって取得した財産などで相続税の課税価格に算入された財産の価額 (第1表①+第1表②+第1表⑤)	③				
加算の対象とならない相続税額 (①×②÷③)	④				
措置法第70条の2の2第12項第2号に規定する管理残額がある場合の加算の対象とならない相続税額 (第4表の付表⑦)	⑤	481,896 円	円	円	円
措置法第70条の2の3第12項第2号に規定する管理残額がある場合の加算の対象とならない相続税額 (第4表の付表⑭)	⑥				
相続税額の加算金額 (①×0.2) ただし、上記②〜⑥の金額がある場合には、 {①-(②-③-④-⑤-⑥)}×0.2となります。	⑦	0 円	円	円	円

(注)　1　相続時精算課税適用者である孫が相続開始の時までに被相続人の養子となった場合は、「相続時精算課税に係る贈与を受けている人で、かつ、相続開始の時までに被相続人との続柄に変更があった場合」には含まれませんので②欄から④欄までの記入は不要です。
　　　　2　各人の⑦欄の金額を第1表のその人の「相続税額の2割加算が行われる場合の加算金額⑪」欄に転記します。

6 ま と め

　生前贈与（特別受益）については，民法と相続税法とで取扱いが下記の表の通り異なります。持ち戻す時価や持ち戻す期間が異なりますので，双方の違いを明確に理解しておく必要があります。

項目	民法	相続税法
①母に対するおしどり贈与	なし	なし
②長女に対する生前贈与	すべての生前贈与が対象	相続開始日3年以内の生前贈与が対象
③長男に対する相続時精算課税制度	相続開始時の時価を持ち戻し	贈与時の価額を持ち戻し
④孫（長男の子）に対する教育資金贈与	なし	管理残高
⑤孫（長女の子）に対する生前贈与	なし	なし

ケース **12** 未成年者控除・障害者控除がある場合

【相談内容】

母 被相続人
（享年55歳）
相続開始日：令和3年6月27日

 相続人①
（25歳，障害者2級）

 相続人②
（18歳，未成年者）

〈相続財産〉

　預貯金等の流動資産1億円（法定相続により2分の1ずつ取得）

〈5年前に発生した父の相続時の詳細〉

　被相続人　父（60歳）

　相続人　母（50歳），長男（20歳，障害者2級），二男（13歳，未成年者）

　相続財産　1億円（母が8,000万円，長男，二男がそれぞれ1,000万円取得）

〈その他〉

　　長男は精神障害者の2級であり，遺産分割に当たり意思能力を発揮することが難しい状況にある。

----

1 税理士としてのアドバイス

　相続人に未成年者や障害者がいる場合には，税額控除ができる可能性があります。この税額控除について留意すべき点は，大きく分けて3点あります。

　まず1点目は，未成年者である二男，障害者である長男が相続又は遺贈により一切財産を取得しない場合には，本人の税額から控除できない点です。詳細は**3**で後述しますが，この場合には，その扶養義務者である相続人からも控除はできないこととなります。したがって，未成年者や障害者が生命保険の受取人となっている場合や，本人以外の他の相続人に税額が見込まれる場合などは，僅少でも相続財産を取得しておく必要があるので注意が必要です。

２点目は，遺産分割についてです。未成年者については，法律行為を行うことができず遺産分割協議が行えないため，特別代理人を選任しなければなりません。また，障害者について意思能力がない場合には，遺産分割協議が行えないため，後見人を立てた上で遺産分割協議を行う必要があります。これらの手続きには，裁判所の許可など時間を要しますので，申告期限を見据えたスケジュールが大切となってきます。

　そして最後は，税額控除の適用ができた場合には，そもそも申告が不要となるケースがあるという点です。未成年者控除，障害者控除については，配偶者の税額軽減のように申告すること自体を適用要件としないため，税額控除の結果，納税額が生じないのであれば，申告自体必要がなくなります。ただし，実際の控除額が控除限度額に満たないケースでは，その満たなかった金額を次の相続の際に繰り越すことができるため，申告自体必要がない場合でも，繰越額を明確にするために申告を行うことをお勧めします。この点，相続人との面談時に適用可否をしっかりと把握しておき，相続人の意向を確認しておく必要があります。

2　未成年者控除・障害者控除の取扱い

⑴　未成年者控除

　相続人の内に未成年者がいる場合において，次の①～④の要件を全て満たすときは，下記の金額をその相続人の相続税額から控除することができます。

（20歳 （※１）－相続開始日の未成年者の年齢 （※２））×10万円

（※１）　民法改正により未成年者の年齢が18歳に引き下げられる影響で，2022年4月1日以降の相続案件より，18歳で判定します。
（※２）　1年未満切捨て

要件①：法定相続人であること
要件②：相続又は遺贈により財産を取得したこと
要件③：相続開始日に日本国内に住所があること
要件④：相続開始日に未成年者であること

⑵　障害者控除

　相続人の内に障害者がいる場合において，次の①～④の要件を全て満たすときは，下記の金額をその相続人の相続税額から控除することができます。

$$（85歳－相続開始日の障害者の年齢（※１））×10万円（※２））$$

（※１）　１年未満切捨て
（※２）　特別障害者は20万円

要件①：法定相続人であること
要件②：相続又は遺贈により財産を取得したこと
要件③：相続開始日に日本国内に住所があること
要件④：相続開始日に障害者であること

⑶　一般障害者と特別障害者の区分

①　一般障害者

- 児童相談所等の判定により知的障害者とされた者のうち重度の知的障害者とされた者以外の者
- 精神障害者保健福祉手帳の障害等級が２級又は３級である者
- 身体障害者手帳の障害の程度が３級から６級までである者
- その他一定の者

②　特別障害者

- 精神上の障害により事理を弁識する能力を欠く常況にある者
- 児童相談所等の判定により知的障害者とされた者のうち重度の知的障害者とされた者
- 精神障害者保健福祉手帳の障害等級が１級である者
- 身体障害者手帳の障害の程度が１級又は２級である者
- その他一定の者

3　実務上の留意点

⑴　共通の留意点

①　法定相続人であること（要件①）

　未成年者控除及び障害者控除を受けることができる人は「法定相続人」に限られます。なお，この法定相続人には，相続放棄により民法上の相続人ではなくなった人も含みます。

　また，②でも述べるとおり，受遺者も未成年者控除及び障害者控除の適用を受けられます。しかし，例えば受遺者として，法定相続人でない未成年者である孫が遺

言書で遺産を取得した場合には，その孫は相続税を納める必要がありますが，未成年者控除を受けることはできません。

② 相続又は遺贈により財産を取得したこと（要件②）

　法定相続人であったとしても，相続又は遺贈により財産を一切取得しなければ未成年者控除及び障害者控除の適用を受けることはできません。したがって，未成年者控除及び障害者控除の適用を受けたいのであれば，１万円程度でも構わないので遺産を取得する必要があります。例えば，障害者が生命保険の受取人となっていた場合には，１万円だけでも遺産を取得しておけば，みなし相続財産についても，障害者控除の適用が可能となります。

③ 相続開始日に日本国内に住所があること（要件③）

　相続開始日において日本に住所がない相続人は，未成年者控除及び障害者控除の適用を受けることができません。ただし，未成年者控除については，財産を取得したときに日本国内に住所がない人でも次のいずれかに当てはまる人は適用が可能です。

　　イ　日本国籍を有しており，かつ，その人が相続開始前10年以内に日本国内に住所を有していたことがある人。

　　ロ　日本国籍を有しており，かつ，相続開始前10年以内に日本国内に住所を有していたことがない人（被相続人が，外国人被相続人又は非居住被相続人である場合を除きます）。

　　ハ　日本国籍を有していない人（被相続人が，外国人被相続人，非居住被相続人又は非居住外国人である場合を除きます）。

⑵　障害者控除の留意点

① 相続開始日において障害者であること（要件④）

　相続人が相続開始日に障害者であることが障害者控除の前提要件です。したがって，相続開始日に身体障害者手帳等の交付を受けていない人であっても，申告書提出時までに交付を受けた場合や，交付申請中の場合で医師の診断書により，相続開始の時の現況において明らかに手帳に記載される程度の障害があると認められるなど一定の要件を満たした場合には，障害者控除の適用が可能となります（相基通19の４−３）。相続人によっては，申請をできる程度の障害を持つ人で障害者手帳の交付を行っていないようなケースもあるため，相続発生後の交付申請を含め検討をしていく必要があります。

4 計　算　例

(1)　父の相続時

①　各人の算出相続税額

母	504万円
長男	63万円
二男	63万円

②　未成年者控除

二男　（20歳－13歳）×10万円＝70万円

③　障害者控除

長男　（85歳－20歳）×10万円＝650万円

④　各人の納付税額

母　504万円－504万円（配偶者の税額軽減）＝0円
長男　63万円－63万円（※1）＝0円
二男　63万円－63万円（※2）＝0円

（※1）①63万円＜③650万円　∴63万円
（※2）①63万円＜②70万円　∴63万円

(2)　母の相続時

①　各人の算出相続税額

長男	385万円
二男	385万円

②　未成年者控除

　二男が，過去（父）の相続で未成年者控除を適用した分については，今回（母）の相続で控除額に制限を受けることとなります。具体的には，下記の(i)と(ii)の金額のうち少ない金額(iii)が，今回の未成年者控除額となります。

> (i) 「今回（母）の相続時に未成年者（二男）が満20歳に達する
>   までの年数（2年）」×10万円＝20万円
> (ii) 「前回（父）の相続時に満20歳に達するまでの年数（7年）」
>   ×10万円－「実際に未成年者控除額として相続税額から控除し
>   た金額を差し引いた金額（63万円）」＝7万円
> (iii) (i)＞(ii) ∴ 7万円

③ 障害者控除

　長男が，過去（父）の相続で障害者控除を適用した分については，今回（母）の相続で控除額に制限を受けることとなります。具体的には，下記の(i)と(ii)の金額のうち少ない金額(iii)が，今回の障害者控除額の限度額となります。

> (i) 「今回（母）の相続時に障害者（長男）が満85歳に達するま
>   での年数（60年）」×10万円＝600万円
> (ii) 「前回（父）の相続時に満85歳に達するまでの年数（65年）」
>   ×10万円－「実際に未成年者控除額として相続税額から控除し
>   た金額を差し引いた金額（63万円）」＝587万円
> (iii) (i)＞(ii) ∴ 587万円

　また，障害者本人の相続税が障害者控除の限度額より小さい場合には，控除しきれない金額が発生してしまいます。このような場合には，障害者の扶養義務者（本事例では二男）の相続税から控除することが可能です。

> **相基通1の2－1（「扶養義務者」の意義）**
> 　相続税法（昭和25年法律第73号。以下「法」という。）第1条の2第1号に規定する
> 「扶養義務者」とは，配偶者並びに民法（明治29年法律第89号）第877条（（扶養義務
> 者））の規定による直系血族及び兄弟姉妹並びに家庭裁判所の審判を受けて扶養義務者
> となった三親等内の親族をいうのであるが，これらの者のほか三親等内の親族で生計を
> 一にする者については，家庭裁判所の審判がない場合であってもこれに該当するものと
> して取り扱うものとする。
> 　なお，上記扶養義務者に該当するかどうかの判定は，相続税にあっては相続開始の時，
> 贈与税にあっては贈与の時の状況によることに留意する。

④　各人の納付税額

> 長男　385万円－385万円（※1）＝0円
> 二男　385万円－7万円（※2）－202万円（※3）＝176万円

（※1）①385万円＜③587万円　∴385万円
（※2）①385万円＞②7万円　∴7万円
（※3）長男が障害者控除をしきれなかった分（587万円－385万円＝202万円）

5　相続税申告書等の記載例

　相続税申告書の記載方法を確認していきます。本相談において，相続税申告上使用する表は第1表と第6表です。控除額を該当の相続人の相続税額から控除しきれるのであれば，第6表で計算した控除額を第1表に転記を行うだけですが，控除しきれない金額がある場合には扶養義務者の相続税額から控除することとなります。そのような場合には，扶養義務者の第1表の算出相続税額から，2割加算，贈与税額控除，配偶者軽減，未成年者控除を行った後の金額を第6表に転記することとなり，当該金額と控除しきれない金額とのいずれか少ない金額が，未成年者控除額（もしくは障害者控除額）となります。

　また，過去に未成年者控除，障害者控除の適用があった場合には，上記4(2)②～③の計算結果による金額をスタートとして第6表を作成する必要があります。

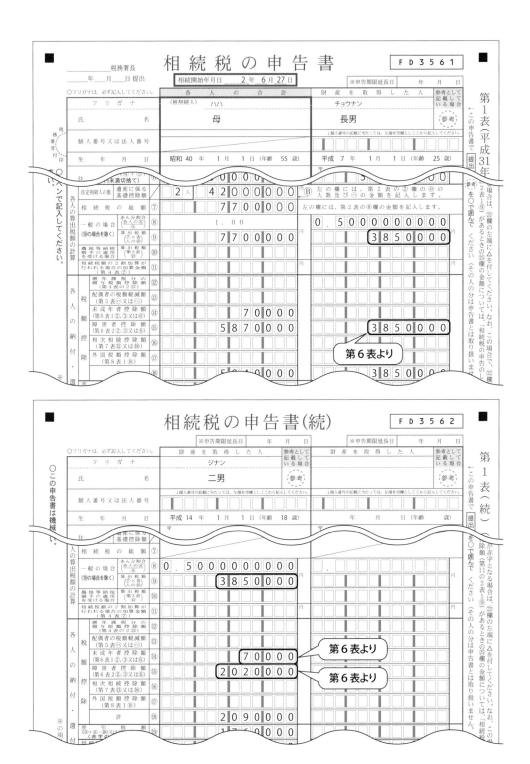

114

未成年者控除額 障害者控除額 の計算書

	被相続人	母

1　未成年者控除

（この表は、相続、遺贈や相続時精算課税に係る贈与によって財産を取得した法定相続人のうちに、満20歳にならない人がいる場合に記入します。）

未成年者の氏名		二男				計
年　　齢 （1年未満切捨て）	①	18　歳	歳	歳	歳	
未成年者控除額	②	10万円×（20歳－18歳） ＝　70,000 円	10万円×（20歳－___歳）	10万円×（20歳－___歳）	10万円×（20歳－___歳）	70,000
未成年者の第1表の （⑨＋⑪－⑫－⑬） 又は（⑩＋⑪－⑫－⑬） の相続税額	③	3,850,000				3,850,000

7万円＜385万円　∴7万円，第1表へ

（注）1　過去に未成年者控除の適用を受けた人は、②欄の控除額に制限がありますので、「相続税の申告のしかた」をご覧ください。
　　　2　②欄の金額と③欄の金額のいずれか少ない方の金額を、第1表のその未成年者の「未成年者控除額⑭」欄に転記します。
　　　3　②欄の金額が③欄の金額を超える人は、その超える金額（②－③の金額）を次の④欄に記入します。

控除しきれない金額 （②－③）	④	円	円	円	円	計 Ⓐ	円

（扶養義務者の相続税額から控除する未成年者控除額）
　Ⓐ欄の金額は、未成年者の扶養義務者の相続税額から控除することができますから、その金額を扶養義務者間で協議の上、適宜配分し、次の⑥欄に記入します。

扶養義務者の氏名						計
扶養義務者の第1表の （⑨＋⑪－⑫－⑬） 又は（⑩＋⑪－⑫－⑬） の相続税額	⑤	円	円	円	円	円
未成年者控除額	⑥					

（注）各人の⑥欄の金額を未成年者控除を受ける扶養義務者の第1表の「未成年者控除額⑭」欄に転記します。

2　障害者控除

（この表は、相続、遺贈や相続時精算課税に係る贈与によって財産を取得した法定相続人のうちに、一般障害者又は特別障害者がいる場合に記入します。）

		一　般　障　害　者		特　別　障　害　者		計
障害者の氏名		長男				
年　　齢 （1年未満切捨て）	①	25　歳	歳	歳	歳	
障害者控除額	②	10万円×（85歳－25歳） ＝　5,870,000 円	10万円×（85歳－___歳）	20万円×（85歳－___歳）	20万円×（85歳－___歳）	円 5,870,000
障害者の第1表の （⑨＋⑪－⑫－⑬） 又は（⑩＋⑪－⑫－⑬） の相続税額	③	3,850,000				3,850,000

587万円＞385万円　∴385万円，第1表へ

（注）1　過去に障害者控除の適用を受けた人の控除額は、②欄により計算した金額とは異なりますので税務署にお尋ねください。
　　　2　②欄の金額と③欄の金額のいずれか少ない方の金額を、第1表のその障害者の「障害者控除額⑮」欄に転記します。
　　　3　②欄の金額が③欄の金額を超える人は、その超える金額（②－③の金額）を次の④欄に記入します。

控除しきれない金額 （②－③）	④	円 2,020,000	円	円	円	計 Ⓐ	円 2,020,000

（扶養義務者の相続税額から控除する障害者控除額）
　Ⓐ欄の金額は、障害者の扶養義務者の相続税額から控除することができますから、その金額を扶養義務者間で協議の上、適宜配分し、次の⑥欄に記入します。

扶養義務者の氏名		二男				計
扶養義務者の第1表の （⑨＋⑪－⑫－⑬） 又は（⑩＋⑪－⑫－⑬） の相続税額	⑤	円 3,780,000	円	円	円	円 3,780,000
障害者控除額	⑥	2,020,000				2,020,000

385万円－7万円

「②欄－③欄」，第1表へ

（注）各人の⑥欄の金額を障害者控除を受ける扶養義務者の第1表の「障害者控除額⑮」欄に転記します。

6 ま　と　め

　未成年者控除，障害者控除については，その適用ができた場合には相続税額に直接インパクトを与えるため，申告が不要となるか否かを含め，税理士として初回の面談時から確認漏れがないようにヒアリングをする必要があります。

　また，相続人に未成年者，障害者がいる場合には本人のみでは遺産分割を行うことができず，特別代理人や後見人を付けなければならないことが想定されます。この場合には申請等に期間を要しますので，繰り返しになりますが，スケジュールに注意しながら進めていかなければなりません。

ケース 13	相続人の中に非居住者がいる場合

【相談内容】

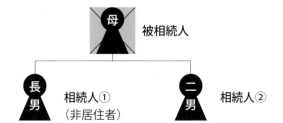

〈相続財産（金額は全て相続税評価額）〉
・自宅土地建物　　　　8,000万円（母のみ居住）
・国内非上場株式　　　1億1,000万円
・国内預金　　　　　　1億9,000万円
・国外預金　　　　　　2,000万円

〈相続人の要望〉
　亡くなった母をはじめ家族皆は日本に住んでいますが，私（長男）は5年前から海外に所在する妻所有の自宅に居住しています。遺産は下記の通り分割する予定ですが，その際に留意すべき点について教えてください。
・長男：自宅土地建物8,000万円，国内非上場株式1億円，国外預金2,000万円
・二男：国内預金1億9,000万円，国内非上場株式1,000万円

---

1 税理士のアドバイス

　相続人の中に非居住者がいる場合には，相続税の申告の論点はもちろんですが，遺産分割の手続きやその際に必要となるサイン証明等の資料準備，また，国外転出時課税による準確定申告など，広範囲での確認を要します。

　また，非居住者とのやり取りに際しては，海外という場所的な問題として郵送手続きや時差の問題があります。基本的には非居住者とのリレーションを図る際には，時差を考慮してメールでの意思疎通を図りますが，最近ではオンライン会議などに

より場所的な問題がクリアになるため，通信ツールとして使用が必須であると実感をしています。

いずれにしても，相続人全員が居住者である場合と比べて，手続き面やリレーション面では通常よりも確認や時間を要すため，スケジュール管理等にも気を配りながら進める必要があります。

2 納 税 義 務

被相続人である母が日本に居住し，相続人である長男が海外に居住している場合には，長男は「非居住無制限納税義務者」に該当し，国内外にある全ての遺産が相続税の課税対象となってきます。いくら長男が非居住者であり国外財産を取得したとしても，被相続人が一次居住被相続人に該当せず国内に住所がある限りは，全ての遺産が相続税の課税対象となります。

したがって，本件事例においては，長男が取得した自宅土地建物8,000万円，国内非上場株式1億円，国外預金2,000万円の全てが課税の対象となります。

【改正後の相続税及び贈与税の納税義務】

被相続人 贈与者 ＼ 相続人 受贈者		国内に住所あり	国内に住所なし		
		一時居住者 （※1）	日本国籍あり		日本国籍なし
			10年以内に住所あり	10年以内に住所なし	
国内に住所あり					
	一時居住被相続人（※1） 一時居住贈与者（※1）				
国内に住所なし	10年以内に住所あり	国内・国外財産ともに課税			
	相続税 　外国人 贈与税 　短期滞在外国人（※2） 　長期滞在外国人（※3）				
	10年以内に住所なし			国内財産 のみに課税	

※1　出入国管理法別表第1の在留資格で滞在している者で，相続・贈与前15年以内において国内に住所を有していた期間の合計が10年以下の者
※2　出国前15年以内において国内に住所を有していた期間の合計が10年以下の外国人
※3　出国前15年以内において国内に住所を有していた期間の合計が10年超の外国人で出国後2年を経過した者
（財務省「平成30年度　税制改正の解説」より）

本ケースでは，被相続人は国内に住所があり，かつ，長男・二男ともに，日本国籍がありますので，太枠に該当し，国内・国外財産ともに課税されることとなります。

③ 外国税額控除

被相続人の財産に国外財産がある場合には，日本国外にある財産に対して，その財産所在地国の法令により，日本以外の国において「相続税に相当する税金」が課せられることがあります。

詳細は，ケース14 の「外国税額控除がある場合」において解説してありますが，そのような場合には，下記のいずれか少ない金額を日本で課税される相続税から控除します。

> ⑴ 日本国外で課税される「相続税に相当する税金」
> ⑵ 日本で課税される相続税額×（日本国外にある財産の評価額／その相続人の相続財産の評価額合計）

本件事例では，非居住者である長男が国外預金2,000万円を取得していますので，国外預金の所在地国において「相続税に相当する税金」が課せられている場合には，外国税額控除の適用を行う必要があります。

④ 小規模宅地等の減額特例

相続人が非居住者である場合においても，小規模宅地等の減額特例の適用については居住者と同様に適用が可能となります。特に注意が必要となるのは，特定居住用の特例の適用の際に，「家なき子」に該当するようなケースです。

家なき子の要件については，被相続人に配偶者がいないこと，同居の相続人（相続放棄した人も含みます）がいないことを前提要件として，下記の通りです。

> ① 被相続人の親族であること
> ② 相続開始前３年以内に**日本国内にある**取得者、取得者の配偶者、取得者の三親等内の親族又は取得者と特別の関係がある一定の法人が所有する家屋（相続開始の直前において被相続人の居住の用に供されていた家屋を除きます）に居住したことがないこと
> ③ 相続開始時にその相続人が居住していた家屋を過去にその相続人が所有していたことがないこと
> ④ 居住制限納税義務者又は非居住制限納税義務者のうち日本国籍を有しない者ではないこと
> ⑤ 申告期限までその宅地を所有し続けること

ここで留意すべきは，②の要件については，非居住者である相続人が所有する家屋の所在は，日本国内に限られているため，国外に家屋を所有して居住していたと

しても、②の要件を満たしているという点です。

一方で、③の要件については、相続人が居住していた家屋は日本国内に限定されていないことに留意が必要です。

本件事例では、非居住者である長男が、被相続人である母が1人で住んでいた自宅土地を取得し、3年以上前から海外の妻所有の自宅にて居住を行っているため、②及び③の要件を満たした上で、小規模宅地の特例の適用を受けることができます。

家なき子というネーミングに惑わされずに、非居住者が相続人の場合には要件の確認を行う必要があります。

5 必要書類

相続人が非居住者に該当する場合には、身分証明や国内に住所が存在しないため、当該書類に代わるものとして、サイン証明等や在留証明などの書類が必要となります。いずれの書類も大使館や領事館において申請により取得するものとなり想定以上に時間がかかることもありますので、事前に手続きの概要について相続人に伝えるとともに、スケジュール管理を行う必要があります。

(1) 在留証明

非居住者については、国外住所の証明として、住民票に代わるものとして在留証明を使用します。申請の際には、以下の確認がとれる書類が全て必要となります。
・日本国籍を有していること
・本人確認書類
・住所確認書類
・滞在開始時（期間）

(2) サイン証明等

相続税申告書には遺産分割の証明資料として遺産分割協議書の写しを添付します。この遺産分割協議書へは、相続人全員が遺産分割に同意した証拠として署名と実印が押印され、当該実印の印鑑証明を添付します。しかし、非居住者については国内に住所を有しないため印鑑証明が存在しません。そこで、印鑑証明に代わるものとして、拇印と共に拇印証明書を添付することや滞在国の在外公館などで公証人を前にサインを行いサイン証明によることとなります。

このサイン証明には、単独形式と遺産分割協議書の合綴形式との2パターンがあります。単独形式は、言葉の通り遺産分割協議書とは別に1枚の紙で独立した証明

書となります。一方で，合綴形式は，サインをした書類にホチキスや糊付けによって合綴され割印がされたものとなります。正式な遺産分割協議による場合には合綴版が採用されますが，相続人間に争いや後日に揉めるようなことがなければ，実務上は単体形式でも登記ができているケースは見受けられます。

6 納税管理人

非居住者が日本における相続税の申告納税を行う場合には，納税管理人を定めて本人に代わって納税管理人が申告納税を行う必要があります。当該届出に関しては，特段期限は定められていませんが，申告納税のタイミングまでには届け出ておく必要があります。

7 国外転出時相続課税

(1) 概   要

国外転出相続時課税は，相続開始の時点で1億円以上の有価証券などを所有等している一定の居住者（※）が亡くなり，国外に居住する相続人等がその相続等により対象資産を取得した場合は，その相続時に取得した相続対象資産について譲渡等があったものとみなして，その含み益に対して被相続人に所得税が課税される制度です。当該制度の適用を受ける被相続人の相続人は，相続対象資産の譲渡等があったものとみなして，準確定申告書の提出と所得税を納付する必要があります。

（※）　1　相続開始の時に所有等している対象資産の価額の合計額が1億円以上であること
　　　　2　原則として相続開始の日前10年以内において，国内在住期間が5年を超えていること

(2) 注 意 点
① 準確定申告

最初に挙げられる注意点としては，準確定申告の期限（相続開始があったことを知った日から4か月）までに，非居住者である相続人が対象資産を取得することが確定していない場合でも，期限内に法定相続分による取得として準確定申告を行わなければならないという点です。被相続人の所有有価証券等が1億円を超え，相続人の中に非居住者がいるようなケースでは見落としがないように十分に注意する必要があります。

なお，一定の手続きを行った場合には，国外転出の日から5年を経過するまでに，

納税猶予を受けることができます。

② 対象資産

　対象となる資産は，有価証券，匿名組合契約の出資持分，未決済信用取引等，未決済デリバティブ取引等であり，当該対象資産の合計が1億円を超える場合に国外転出時課税の検討が必要となります。

　この際の1億円を超えるか否かの判定の際の時価算出については，相続開始時のおける時価によります。また，合計額は，非居住者である相続人が取得する財産だけではなく，被相続人が所有していた全ての対象資産の合計によります。

　本件事例では，非居住者である長男の取得する対象資産は1億円ですが，二男が取得する対象資産を含めると1億円を超えますので対象資産の要件は満たすこととなります。

③ 相続税の修正申告

　対象資産を取得した非居住者である相続人が帰国した場合には，国外転出時に受けた課税を取り消すために，帰国後4か月以内に更正の請求を行うことができます。

　この場合には，相続税申告の際に債務として計上した被相続人の準確定申告にかかる納税額も取り消されるため，相続税の修正申告も忘れずに行わなければなりません。

④ 納税管理人

　上述**6**では，納税管理人の届出期限はないと記述しましたが，例外として国外転出時課税の規定の適用を受ける場合において，相続税申告期限前に国内に住所等を有しなくなるときは，その国外転出時までに納税管理人の届出を行わなければなりませんので留意が必要です。

8 国外送金等調書・国外証券移管等調書

⑴ 国外送金等調書

　100万円を超える国外送金や国外からの送金に際しては，金融機関から税務署へ対して国外送金等調書が提出されます。あくまで金融機関が提出するものですので，相続人側での手続きとはなりませんが，送金時には一定事項を記載して告知書を金融機関に提出する必要があります。

⑵ 国外証券移管等調書

　国外証券移管に際しては，金融商品取引業者等である証券会社などから税務署へ対して国外証券移管等調書が提出されます。あくまで証券会社などが提出するものですので，相続人側での手続きとはなりませんが，移管時には一定事項を記載して告知書を金融機関に提出する必要があります。

9　相続税申告書等の記載例

〈サイン証明〉

形式1　貼付

証明書

　以下身分事項等記載欄の者は、本職の面前で貼付書類に署名（及び拇印を押捺）したことを証明します。

身分事項等記載欄			
氏　名：			
生　年　月　日：（明・大・昭・平）　　　年　　　月　　　日			
日本旅券番号：			
備　考：			

※氏名の漢字等綴りは申請人の申請に基づく場合があります。

証第＊＊＊＊－0000号

令和　年　月　日

在●●日本国総領事館

総領事　○　○　○　○　　（公印）

〈在留証明〉

在 留 証 明 願

2021年は,
令和3年です

令和3年　　　　月　　　　日

在ロサンゼルス日本国総領事　殿

申請者氏名 証明書を 使う人	証明　太郎	生 年 月 日	明・大 ㊐・平・令	25 年 1 月 1 日
来訪者氏名 （※1）		申請者との関係 （※1）		戸籍に記載されている通り に記入してください。
申請者の 本籍地 （※2）	東京　㊠・道 　　　府・県		千代田区霞が関2丁目2番地1 （市区郡以下を記入してください。※2）	
提出理由	不動産登記手続	提出先	東京法務局	

私（申請者）が現在、次の住所に在住していることを証明　英語表記とは逆になります

現 住 所	日 本 語	アメリカ合衆国　カリフォルニア州　ロサンゼルス市 サウスグランドアベニュー　350番地　1700号
	外 国 語	350 S. Grand Ave., #1700, Los Angeles, CA 90071 U.S.A.
	上記の場所に住所（又は居所）を 定めた年月日（※2）	＊この欄は、記入しないで下さい

（※1）　申請者と同じときは記入不要です。
（※2）　申請理由が恩給、年金受給手続き又は提出先が同欄の記載を必要としないときは記入を省略することが
　　　　できます。

在 留 証 明

証第　　　　　　　　　号

上記申請者の在留の事実を証明します。

　　　令和 3 年　　　　月　　　　日
　　　　　　　　　　在ロサンゼルス日本国総領事館

　　　　　　　　　　総領事

（手数料：　　　　）

（在ロサンゼルス日本領事館ホームページ）

124

〈納税管理人届出書〉

納 税 管 理 人 届 出 書

税務署受付印

被相続人住所地

	（フリガナ）		
令和 3 年 4 月 1 日提出	納 税 地	（〒 103-0001 ） 東京都〇〇区〇〇1-2-3 （電話 03 － 1234 － 5678 ）	
	（フリガナ）	ソウゾク チョウナン	
	氏名又は名称	相続 長男	非居住者名
税 務 署 長	（フリガナ） （法人等の場合） 代表者等氏名		
	個人番号又は法人番号	↓個人番号の記載に当たっては、左端を空欄とし、ここから記載してください。	
	生 年 月 日	大正・昭和 平成・令和 30 年 1 月 2 日生	

相 続 税
贈 与 税 の納税管理人として次の者を定めたので届出します。

納税管理人	（ フ リ ガ ナ ）		
	住 所 又 は 居 所	（〒 103-0002 ） 東京都〇〇区〇〇4-5-6 （電話 03 － 9876 － 5432 ）	納税管理人の住所等
	（ フ リ ガ ナ ）	ソウゾク ジナン	
	氏 名 又 は 名 称	相続 二男	
	届 出 者 と の 続 柄 （ 関 係 ）	弟	
	職 業 又 は 事 業 内 容	会社員	非居住者の住所
法の施行地外における住所 又は居所となる場所		300 E St SW, Washington, DC 20546, USA	
納税管理人を定めた理由		相続により相続税の申告納税の必要が生じたため	
その他参考事項		(1) 出国（予定）年月日 平成・令和＿＿＿年＿＿＿月＿＿＿日 　　帰国（予定）年月日 平成・令和＿＿＿年＿＿＿月＿＿＿日 (2) その他 被相続人 相続 母 相続開始日 令和3年1月10日	

関 与 税 理 士	（電話 － － ）

税務署整理欄	番号確認	身元確認	確認書類		整理番号	名簿番号
		□ 済 □ 未済	個人番号カード ／ 通知カード・運転免許証 その他（　　　　　　　　　　　　）			

（資3－21－A4統一）（令3.3）

〈国外送金等調書合計表〉

令和　　年　　月分 国外送金等調書合計表

処理事項	通信日付印	検収	整理簿登載	身元確認
	※ ・ ・	※	※	※

税務署受付印

令和　　年　　月　　日提出

税務署長殿

提出者	住所（居所）又は所在地	電話（　　－　　－　　）
	個人番号又は法人番号	↑個人番号の記載に当たっては、左端を空白にし、ここから記載してください。
	フリガナ 氏名又は名称	
	フリガナ 代表者氏名	

整理番号	
調書の提出区分 新規＝1、追加＝2、訂正＝3、無効＝4	提出媒体	本店一括 有・無
作成担当者	
作成税理士署名	税理士番号（　　　　） 電話（　　－　　－　　）

区　　　分	件　　数	（摘　要）
国 外 送 金 分	件	
国外からの送金等の受領分		
計		

○　提出媒体欄には、コードを記載してください。（電子＝14、FD＝15、MO＝16、CD＝17、DVD＝18、書面＝30、その他＝99）
(注)　平成 27 年 12 月分以前の合計表を作成する場合には、「個人番号又は法人番号」欄に何も記載しないでください。

〈国外送金等調書〉

令和　　年分　国外送金等調書

国内の送金者又は受領者	住所（居所）又は所在地		
	氏名又は名称		個人番号又は法人番号

国外送金等区分	1．国外送金・2．国外からの送金等の受領	国外送金等年月日	年　　月　　日

国外の送金者又は受領者の氏名又は名称	
国外の銀行等の営業所等の名称	
取次ぎ等に係る金融機関の営業所等の名称	
国外送金等に係る相手国名	

本人口座の種類	普通預金・当座預金・その他（　　　　）	本人の口座番号	

国外送金等の金額	外貨額		外貨名	送金原因	
	円換算額		（円）		

（備考）

提出者	住所（居所）又は所在地		
	氏名又は名称	（電話）	個人番号又は法人番号

整　理　欄	①	②

350

126

〈国外証券移管等調書合計表〉

令和　　年　　月分　国外証券移管等調書合計表

処理事項	通信日付印	検収	整理簿登載
	※　・　・	※	※

○　平成28年1月1日以後提出用

税務署受付印

令和　　年　　月　　日提出

税務署長　殿

提出者

所在地
電話（　　－　　－　　）

法人番号(注)

フリガナ
名称

フリガナ
代表者氏名

整理番号

調書の提出区分
新規=1、追加=2
訂正=3、無効=4

提出媒体

本店一括

有・無

作成担当者

作成税理士署名

税理士番号（　　　　　）

電話（　　－　　－　　）

区　　　　分	件　　　数	（摘要）
国 外 証 券 移 管 分	件	
国 外 証 券 の 受 入 分		
計		

○　提出媒体欄には、コードを記載してください。（電子＝14、FD＝15、MO＝16、CD＝17、DVD＝18、書面＝30、その他＝99）
(注)　平成27年12月分以前の合計表を作成する場合には、「法人番号」欄に何も記載しないでください。

〈国外証券移管等調書〉

令和　　　年分　　国 外 証 券 移 管 等 調 書

国外証券移管者又は受入者	住所（居所）又は所在地	
	氏名又は名称	個人番号又は法人番号

国外証券移管等区分	1．国外証券移管・2．国外証券受入れ	国外証券移管等年月日	年　　月　　日

国外証券移管の相手方の氏名又は名称

国外の金融商品取引業者等の営業所等の名称

国外証券移管等に係る相手国名

国 外 移 管 等 を し た 有 価 証 券

種類	銘柄	株数又は口数	額　面　金　額		
			外貨額	外貨名	円換算額
		株(口)			千　　　円

移管等の原因となる取引又は行為の内容	

（備考）

金融商品取引業者等	所　在　地			
	名　　称	（電話）	法　人　番　号	

整　理　欄	①		②	

373

○「個人番号又は法人番号」欄に個人番号（12桁）を記載する場合には、右詰で記載します。

10 ま と め

　相続人の中に非居住者がいる場合には，通常の相続税申告に比べて用意すべき書類が増え手続き面が煩雑になります。そのため，準備に時間を要すこともあり，相続人とのリレーションを含めスケジュール管理をしっかりと行っていくことが重要となってきます。その他，外国税額控除や小規模宅地といった論点もありますので，漏れなく確認をする必要があります。

関連する申告書等
第1表
第8表

ケース14 外国税額控除がある場合

【相談内容】

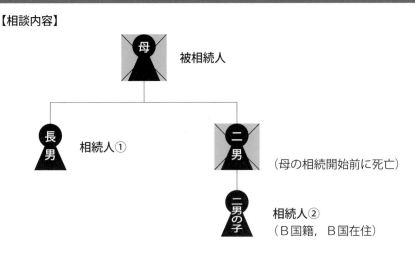

母 被相続人

長男 相続人①

二男 （母の相続開始前に死亡）

二男の子 相続人②
（B国籍，B国在住）

〈相続財産〉

- ・日本国内に預貯金等の流動資産が3億円
- ・A国に預貯金1億円
- ・B国に預託証券1億円（B国にある法人がB国で発行した預託証券）
- ・上記を全て法定相続により2分の1ずつ相続する。

〈被相続人及び相続人の住所〉

- ・被相続人及び長男，二男の子はともに相続開始前10年以内は日本国内に住所を有していた。

〈A国及びB国における課税状況〉

- ・A国に所在する預貯金1億円についてA国の相続税を課す（相続税額1,000万円）。
- ・B国に所在する預託証券1億円についてB国の所得税（死亡時譲渡所得課税制度に基づく所得税）を課す。

1 税理士としてのアドバイス

相続人等へのヒアリングにより日本国外に被相続人の財産がありそうだということが判明した場合，まずはその財産が日本における相続税を算出する際の「国外財

産」に該当するかどうかを確認しましょう。

　具体的には，相続税法10条に照らし合わせて確認を行います。例えば，預貯金はその預貯金を受け入れした「営業所又は事業所の所在」によって判断をします（相法10の４）。一方，株式等は発行法人の「本店又は主たる事務所の所在」によって判断をします（相法10の８）。

　今回の相談内容では，遺産として「Ａ国に預貯金が１億円，Ｂ国に預託証券１億円」とあります。預貯金については，「金融機関のＡ国にある支店で預け入れした預貯金」であれば「国外財産」となります。一方，預託証券については，今回はＢ国にある法人がＢ国で発行した預託証券という前提のため「国外財産」となりますが，この預託証券がもし，日本法人がＢ国で発行した預託証券であれば「国内財産」となるため注意が必要です。ただし，米国については日米相続税条約に規定がありますので別途確認が必要となります。

　このように，相続財産を「国外財産」か「国内財産」かに区分した上で，相続財産の中に「国外財産」が含まれる場合，日本国外にある財産に対して，その財産所在地国の法令により，日本以外の国において「相続税に相当する税金」が課せられることがあります。

　この場合，日本とその財産所在地国との両方で税金が課せられる，いわゆる「二重課税」の状態となります。このような日本と日本以外の国との間の二重課税を回避する目的で定められた税額控除が外国税額控除です（相法20の２）。相続税法20条の２に定められた外国税額控除の適用要件は下記の２点です。

⑴　相続又は遺贈により日本国外にある財産を取得したこと
⑵　日本国外にある財産の所在地国において「相続税に相当する税金」が課せられたこと

　日本国外にある財産の有無や，「国外財産」か「国内財産」かの区分は，相続人へのヒアリング等で比較的スムーズに確認することができるかと思います。ただ，具体的な財産の内容や金額，その財産の所在地国において「相続税に相当する税金」が課せられるかどうかについては調査に相応の日数がかかることが想定されるため，申告期限を見据えて余裕をもったスケジュールで進めていくことが大切となります。

　本事例では，相続により日本国外にある財産を取得する場合の「外国税額控除」の取扱い，実務上の留意点及び相続税申告書の記載方法等について解説します。

2 外国税額控除の取扱い

　ここでは，外国税額控除の具体的な金額の算出方法について説明します。

　外国税額控除においては，「日本国外で納めた相続税に相当する税金」の金額と，「日本国外にある相続財産に対して日本で課税される相続税額」の金額とを比較し，そのうち少ない金額を日本で課税される相続税から控除します。

---

(1)　日本国外で課税される「相続税に相当する税金」(※1)

(2)　日本で課税される相続税額 (※2) $\times \dfrac{\text{日本国外にある財産の評価額}}{\text{その相続人の相続財産の評価額合計} \ (※3)}$

(※1)　「相続税に相当する税金」を円貨換算する場合は，財産所在地国の法令により納付すべき日とされている日における電信売相場（TTS）を用います。
(※2)　外国税額控除以外の税額控除等（相続税額の2割加算，贈与税額控除，配偶者に対する相続税額の軽減，未成年者控除，障害者控除及び相次相続控除）の控除後の相続税額
(※3)　相続又は遺贈により取得した財産価額のうち，課税価格計算の基礎に算入された金額（債務控除後の金額）

---

3 実務上の留意点

　相続財産の中に日本国外にある財産が含まれる場合，留意すべき点は大きく4つあります。

⑴　相続により取得する国外財産が日本における相続税の課税対象かどうか

　日本国内にある財産を相続により取得した場合には，相続人が日本に居住しているかどうかや日本国籍の有無を問わず，原則として日本における相続税の課税対象となります。

　一方，日本国外にある財産については日本における課税対象外となる可能性があるため確認が必要です。例えば，以下のようなケースは，日本国外にある財産について日本における相続税の課税対象外となります。

・　被相続人と相続人がともに相続開始前10年以内のいずれの時においても日本国内に住所がない場合
・　被相続人や相続人が在留資格をもって一時的に日本に滞在している場合
詳しくは以下の表を参照ください。

【改正後の相続税及び贈与税の納税義務】

被相続人 贈与者 / 相続人 受贈者	国内に住所あり	国内に住所なし		
	一時居住者(※1)	日本国籍あり		日本国籍なし
		10年以内に住所あり	10年以内に住所なし	
国内に住所あり				
一時居住被相続人(※1) 　一時居住贈与者(※1)			国内・国外財産ともに課税	
国内に住所なし 　10年以内に住所あり				
相続税 　　　外国人				
贈与税 　　　短期滞在外国人(※2) 　　　長期滞在外国人(※3)			国内財産	
10年以内に住所なし			のみに課税	

※1　出入国管理法別表第1の在留資格で滞在している者で，相続・贈与前15年以内において国内に住所を有していた期間の合計が10年以下の者

※2　出国前15年以内において国内に住所を有していた期間の合計が10年以下の外国人

※3　出国前15年以内において国内に住所を有していた期間の合計が10年超の外国人で出国後2年を経過した者

（財務省「平成30年度　税制改正の解説」より）

⑵　相続により取得する国外財産がその財産所在地国において「相続税に相当する税」を課せられているか

　財産所在地国によって，被相続人が有していた財産に対して課せられる税金が異なります。今月の相談内容におけるA国及びB国における課税状況は以下の通りです。

- ・　A国に所在する預貯金1億円についてA国の相続税を課す。
- ・　B国に所在する預託証券1億円についてB国の所得税（死亡時譲渡所得課税制度に基づく所得税）を課す。

　このようなケースにおいては，A国に所在する財産である預貯金1億円は「相続税に相当する税」が課せられているとして外国税額控除の対象となる一方，B国に所在する財産である預託証券1億円に課せられている所得税は，「相続税に相当する税」に該当しないため外国税額控除の対象外となります。

⑶　遺産分割協議書への押印

　B国籍，B国在住の二男の子は日本の印鑑証明書がありません。そのため，遺産分割協議書の押印に代わるものとしてサインをすることになりますが，そのサインについて間違いなく本人のサインであることを証明する「サイン証明書」が必要と

132

なります。

　国によって異なる可能性がありますが，サインをする遺産分割協議書を公証人のところへ持参し，面前でサインをすることが一般的です。国外での手続き，郵送が必要になるため，早めの着手が鍵となります。

(4)　宣誓供述書の添付

　B国籍の二男の子には日本の戸籍に当たるものがありません。国によって戸籍が存在する場合もありますが，戸籍が存在しない国の場合は，戸籍に代わるものとして，「二男の子が，死亡した二男の唯一の子どもである」といった内容を記した「宣誓供述書」を作成し，公証人に公証をしてもらう必要があります。これも現地の言語への翻訳や現地での公証手続きなど相応の時間がかかりますので早めの対応が必要となります。

4　計算例

(1)　長　　　男

①　外国税額控除

日本国外で課税される「相続税に相当する税金」：500万円…①
日本で課税される相続税額：7,605万円
日本国外にある財産の評価額：5,000万円
長男の相続財産の評価額合計：2億5,000万円
7,605万円×（5,000万円／2億5,000万円）=1,521万円…②
①＜②より，外国税額控除額500万円

②　納付税額

7,605万円－500万円＝7,105万円

⑵ 二 男 の 子

① 外国税額控除

日本国外で課税される「相続税に相当する税金」：500万円…①
日本で課税される相続税額：7,605万円
日本国外にある財産の評価額：5,000万円
二男の子の相続財産の評価額合計：2億5,000万円
7,605万円×（5,000万円／2億5,000万円）=1,521万円…②
①＜②より，外国税額控除額500万円

② 納 付 税 額

7,605万円－500万円＝7,105万円

5 相続税申告書等の記載例

　相続税申告書の記載方法を確認していきます。本相談で相続税申告上使用する表は，第1表と第8表となります。

　まず，第8表に必要事項を記載します。第8表の中で少し留意が必要だと思われる⑤「邦貨換算在外純財産の価額」，⑥「⑤の金額／取得財産の価額の割合」及び⑦「相次相続控除後の税額×⑥」の部分について解説します。

　⑤「邦貨換算在外純財産の価額」には，国外財産に係る債務がある場合は差引額を記載します。また，⑥欄には，「取得財産の価額」に対する⑤の「邦貨換算在外純財産の価額」を記載しますが，この場合の「取得財産の価額」は，第1表の④「純資産価額」と，第1表の⑤「純資産価額に加算される暦年課税分の贈与財産価額」のうち，被相続人から相続開始の年に暦年贈与により取得した財産を加算した価額の2つを合わせた価額になります。単純に第1表の④と第1表の⑤を合わせた価額ではないため，注意が必要です。

　そして，⑦欄には，「相次相続控除後の税額×⑥」を記載します。この欄における「相次相続控除後の税額」とは，第1表で算出した税額，具体的には第1表の⑨「算出税額」と第1表の⑩「農地等納税猶予の適用を受ける場合の税額」を合わせたものから，第1表の⑫〜⑯の「税額控除」を合わせたものを差し引いた金額となります。

　具体的には以下の記載例を確認してください。

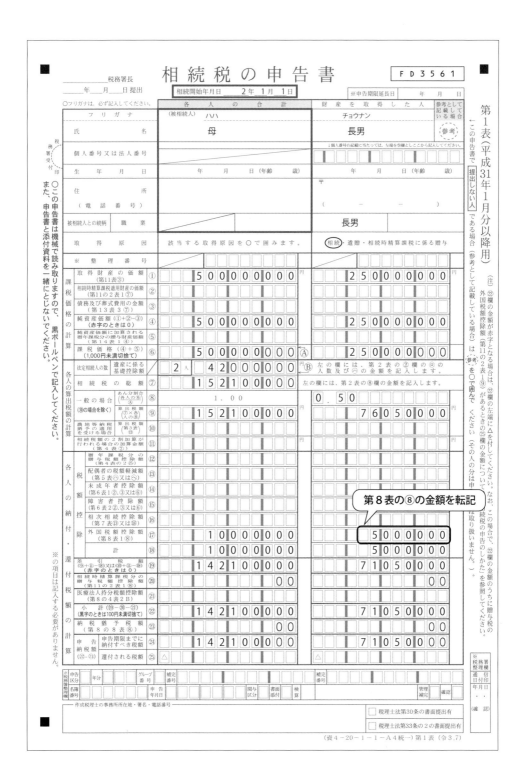

相 続 税 の 申 告 書

FD3561

第1表（平成31年1月分以降用）

相続税の申告書（続）

FD3562

○ この申告書は機械で読み取りますので、黒ボールペンで記入してください。

	財産を取得した人	参考として記載している場合	財産を取得した人	参考として記載している場合
○フリガナは、必ず記入してください。				
フリガナ	ジナンノコ			
氏　名	二男の子	参考		参考
個人番号又は法人番号				
生年月日	年　月　日（年齢　歳）		年　月　日（年齢　歳）	
住所（電話番号）	〒（　－　－　）		〒（　－　－　）	
被相続人との続柄　職業	二男の子			
取得原因	相続・遺贈・相続時精算課税に係る贈与		相続・遺贈・相続時精算課税に係る贈与	
※整理番号				

課税価格の計算					
取得財産の価額（第11表③）	①	250000000	円		円
相続時精算課税適用財産の価額（第11の2表1⑦）	②				
債務及び葬式費用の金額（第13表3⑦）	③				
純資産価額（①＋②－③）（赤字のときは0）	④	250000000			
純資産価額に加算される暦年課税分の贈与財産価額（第14表1④）	⑤				
課税価格（④＋⑤）（1,000円未満切捨て）	⑥	250000000			000

各人の算出税額の計算				
法定相続人の数　遺産に係る基礎控除額	⑦			
相続税の総額				
一般の場合（⑩の場合を除く）　あん分割合（各人の⑥／⑥）	⑧	0.50		.
算出税額（⑦×各人の⑧）	⑨	76050000	円	円
農地等納税猶予の適用を受ける場合　算出税額（第3表⑧）	⑩			
相続税額の2割加算が行われる場合の加算金額（第4表⑦）	⑪		円	円

各人の納付・還付税額の計算				
税額控除	暦年課税分の贈与税額控除額（第4表の2㉕）	⑫		
	配偶者の税額軽減額（第5表又は○）	⑬		
	未成年者控除額（第6表1②、③又は⑥）	⑭		
	障害者控除額（第6表2②、③又は⑥）	⑮		
	相次相続控除額（第7表⑬又は⑱）	⑯		
	外国税額控除額（第8表1⑧）	⑰	5000000	
	計	⑱	5000000	
差引税額（⑨＋⑪－⑱）又は（⑩＋⑪－⑱）（赤字のときは0）	⑲	71050000		
相続時精算課税分の贈与税額控除額（第11の2表1⑧）	⑳	00		00
医療法人持分税額控除額（第8の4表2B）	㉑			
小計（⑲－⑳－㉑）（黒字のときは100円未満切捨て）	㉒	71050000		
納税猶予税額（第8の8表⑧）	㉓	00		00
申告納税額	申告期限までに納付すべき税額（㉒－㉓）	㉔	71050000	00	00
	還付される税額	㉕	△		△

第8表の⑧の金額を転記

※税務署整理欄	申告区分	年分	名簿番号	グループ番号	補完番号			補完番号	
			申告年月日		管理補完	確認	検算	管理補完	確認

※の項目は記入する必要がありません。

（資4-20-2-1-A4統一）第1表（続）（令3.7）

←この申告書で提出しない人である場合（参考として記載している場合）は参考を○で囲んでください

（注）⑰欄の金額が赤字となる場合は、⑰欄の左端に△を付してください。なお、この場合で、⑰欄の金額のうちに贈与税の外国税額控除額（第11の2表1⑨）があるときの⑮欄の金額については、「相続税の申告のしかた」を参照してください。（その人の分は申告書とは取り扱いません。）

136

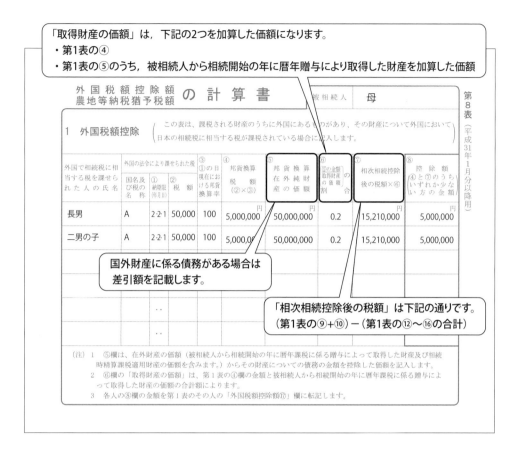

「取得財産の価額」は，下記の2つを加算した価額になります。
・第1表の④
・第1表の⑤のうち，被相続人から相続開始の年に暦年贈与により取得した財産を加算した価額

国外財産に係る債務がある場合は差引額を記載します。

「相次相続控除後の税額」は下記の通りです。
（第1表の⑨＋⑩）－（第1表の⑫～⑯の合計）

6 まとめ

外国税額控除については，その適用ができた場合には相続税額に直接インパクトを与えるため，申告が不要となるか否かを含め，税理士として初回の面談時から確認漏れがないようにヒアリングをする必要があります。

また，財産所在地国の課税関係等を確認する必要があるため，スケジュールに余裕をもって取り組むことが大切です。

ケース 15

相続人以外に対する遺贈がある場合

【相談内容】

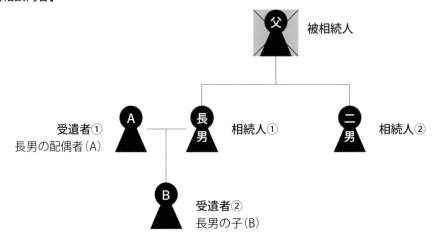

〈相続財産〉

・預金：205,000千円

・土地：50,000千円

・生命保険金：10,000千円

　　※保険契約内容　契約者：父，被保険者：父，受取人：長男の配偶者A

　　※保険料負担者は父

〈遺言書の内容〉

　父の自筆証書遺言には，「遺産については，土地50,000千円は長男の子であるBに遺贈する。それ以外は，法定通り2分の1ずつ分けてほしい。」と記載があった。

〈相続人の要望〉

　相続人以外の者が遺贈により遺産を取得した場合の相続税申告上の留意点について教えてほしい。

1 税理士としてのアドバイス

　相続人以外の者に対して財産を残したい場合に，遺言などによる遺贈を活用することがあります。

　「息子の妻（嫁）が介護を頑張ってくれた」，「事情があり籍は入れていないが長年連れ添った相手（いわゆる内縁の妻）がいる」という場合には，自分の死後，その相手に財産をあげたいと考えることは自然なことです。しかしながら，息子の嫁や内縁の妻は相続人には該当しません。このような場合において，特定の相手に財産を残したいときには遺贈を活用します。

　民法の定めにより，長男と二男が法定相続人に該当し，長男の配偶者や子は法定相続人には該当しないため，遺産分割協議においてこれらの者に財産を残すことはできません。

　一方で，本事例では，法定相続人以外の「長男の配偶者であるＡ」と「長男の子であるＢ」が下記の通り，被相続人である父の遺産を取得しています。

　①　生命保険金により10,000千円を「長男の配偶者であるＡ」が取得

　②　遺贈により土地50,000千円を「長男の子であるＢ」が取得

　以下では，この上記２つの取扱いについて，条文に沿いながら相続税申告における実務上の留意点及び申告書の記載方法等を解説していきます。

2 税務上の取扱い

⑴　〈ケース①〉生命保険金10,000千円を長男の配偶者Ａが取得

①　生命保険金非課税枠

　生命保険金については，本来は受取人固有財産ですが，みなし相続財産として相続税の課税対象となります。

　また，本件のように，相続人以外の者が受取人であったとしても「遺贈により取得したものとみなす」と規定されているため，同様の取扱いとなります（相法3）。

　ただし，長男の配偶者Ａが受取人の場合，相続人が受取人であるケースと大きく異なる点があります。それは生命保険金の非課税枠が使えないということです（相法12）。

　あくまでも，生命保険金の非課税枠の規定は，受取人が相続人である場合に限られており，本件のような受取人が相続人以外の場合には適用ができません。

② 相続税額の２割加算

　遺贈によって財産を取得した者が，法定相続人以外の場合には，その者の相続税額にその相続税額の２割に相当する金額が加算されます。いわゆる２割加算です（相法18）。

　長男の配偶者Ａは，通常の相続税の金額に下記計算方法の算式に当てはめた金額を加算して相続税を支払うことになります。

| 相続税の２割加算が
行われる場合の加算金額 | ＝ | 各人の税額控除前の相続税額　×　0.2 |

【具体的な２割加算対象者】

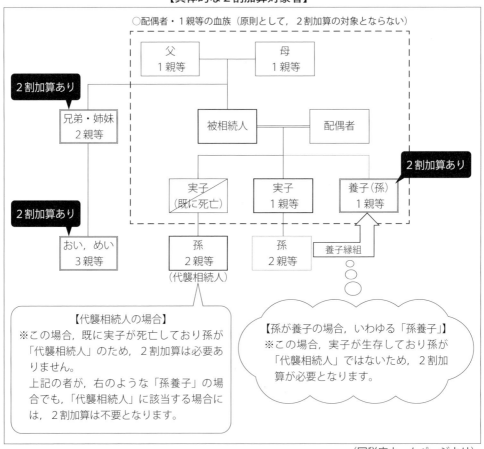

（国税庁ホームページより）

③ ３年以内加算

　本事例のように，遺贈などにより財産を取得した者が，被相続人からその相続開始前３年以内に贈与を受けた財産があるときには，その者の相続税の課税価格に贈与を受けた財産の贈与時の価額を加算しなければなりません。盲点となりやすい論

点ですので，しっかりと確認を行い計上する必要があります。

　なお，その加算された贈与財産の価額に対応する贈与税の額は，二重課税とならないように加算された者の相続税の計算上控除されることになります（相法19）。

⑵　〈ケース②〉遺贈により土地50,000千円を長男の子Bが取得

　相続人以外の者が遺贈により財産を取得した場合であったとしても，もちろん相続税の納税義務者に該当します（相法1の3）。

　遺贈には，包括遺贈と特定遺贈と種類がありますが，本ケースの事由は，土地という特定の遺産を遺言によって取得しており「特定遺贈」に該当します（民法964）。

　したがって，遺言者の負債等を包括的に引き継ぐことはなく，土地のみを引き継ぐことになります。

> 包括遺贈…相続財産の割合を指定して遺贈
> 特定遺贈…特定の財産を指定しその遺産を受遺者に遺贈

　さらに，本ケースについても〈ケース①〉と同様に，相続人以外の者が相続，遺贈により財産を取得しているため2割加算及び3年前以内加算の対象になりますので留意が必要です（相法18，19）。

③　実務上の留意点

⑴　〈ケース①〉について

　事前に保険契約内容の確認が必須となります。本事例のように相続人以外の者が受取人に指定されていたときには，2割加算の対象となるため相続税の負担が大きくなるということを留意しておかなければなりません。

　生命保険の死亡保険金は受取人の固有財産であるため，被保険者死亡後に変更することはできません。そこで，生前において相続税シミュレーションをした上で，必要に応じて，事前（相続発生前）に受取人を変更することや，遺言書に受取人を変更すると記載しておくことを検討すべきでしょう。

　生命保険の受取人を遺言書で変更したい場合には，主に下記の内容を記載します。

> ・保険契約日
> ・生命保険会社名
> ・証書番号
> ・変更前の受取人の名前
> ・変更後の受取人の名前

なお，この方法では，遺言書に法的不備があった場合，遺言書が見つかる前に変更前の受取人に保険金が支払われた場合，生命保険会社に遺言書による変更を認められなかった場合などには，受取人の変更ができない可能性があります。したがって，確実に受取人を変更したい場合には，遺言書による変更にはせずに，生前に保険会社にて受取人の変更手続きを行っておく方がよいでしょう。

⑵　〈ケース②〉について

　遺贈により土地を取得した場合においても，小規模宅地の特例の検討が必要です。

　相続人以外の者が取得した場合，要件に該当しないものとして見落としがちですが，小規模宅地の特例は法定相続人だけでなく親族であれば孫でも適用が可能です。

　同居親族に該当する場合には，遺言作成時に被相続人と孫が同居していて要件を満たしていたとしても，相続発生時の孫の状況で判断されるため適用関係が変わることがあるので慎重に判断しなければなりません。

　また，自宅を持たない孫へ遺贈することとしているような場合において，孫が親（相続人）の家などに住んでいるようなときは，平成30年度税制改正により家なき子に該当しなくなりましたので留意が必要です。

　さらに，相続又は包括遺贈，相続人対してなされた特定遺贈について，不動産取得税は発生しませんが，本事例のように相続人以外の特定遺贈については不動産取得税を負担しなければなりません。遺言作成時には，税理士としては相続税の負担だけでなく相続税以外の税金関係も整理した上でアドバイスすべきでしょう。

⑶　自筆証書遺言ついて

　自筆証書遺言については，令和２年７月10日より法務局での保管制度が開始されています。この制度を利用することで今まで紛失等により無効となるような自筆証書遺言のデメリットを補完できるようになりました。

　しかし，自筆遺言書の保管制度では，遺言内容まで法定効力の担保はできないため，遺言書作成の際には公正証書遺言の検討も必要です。

⑷　孫への遺贈等について

　提案としてよく耳にする相続税対策に，孫を養子縁組して法定相続人加える手法があります。この場合には，基礎控除額や生命保険金及び退職金の非課税枠を増やすことができます。しかし一方で，実務上，戸籍を変えてまで行う必要性があることなのかという疑義も残ります。

　なお，本事例のように，孫への遺贈が２割加算の対象になること鑑みると，事前

に教育資金等の非課税制度等の活用検討をする方が相続税の圧縮には有効かと考えます。

　また，相続時精算課税に係る贈与を受けている者で，かつ，相続開始のときまでに被相続人との続柄に変更（養子縁組の解消等）がある場合は，2割加算の対象とならない部分も生じ計算が異なります（詳細については，国税庁タックスアンサーNO.4157Q＆Aを確認してください）。

⑸　法定相続人以外に対する遺贈について

　間違いやすい論点ですが，葬式費用・債務控除について相続税の計算上控除することができる者は，その債務などを負担することになる「相続人」や「包括受遺者」と限られています（相法13）。

　仮に，長男の配偶者Aが葬式費用や債務を負担していた場合には，その金額は相続税の計算上控除できません。

　また，被相続人が借金等の債務を特定して遺贈したときも，「特定受遺者」は債務を原則負担することになりますが，相続税計算上「債務控除」ができないので留意が必要です。

⑹　遺留分侵害額請求について

　なお，遺留分についても留意が必要です。〈ケース①〉の生命保険金については，基本的な取扱いとして受取人固有財産のため，遺留分算定の基礎計算には含まれず，遺留分侵害額請求の対象となりません（特段の事情が存する場合には特別受益として持ち戻されることもあります）。

　本事例について，仮に全ての遺産を長男の配偶者Aに遺贈している場合には，相続人である長男，二男は遺留分侵害額相当額をAに請求することができ，Aは遺留分侵害額相当額を金銭で渡す必要性が出てきます。

▣4　相続税申告書等の記載例

　「〈ケース①〉生命保険金10,000千円を長男の配偶者Aが取得」及び「〈ケース②〉遺贈により土地50,000千円を長男の子Bが取得」した場合の申告書の記載例を確認します。

　なお，今回は小規模宅地の特例及び3年内加算の適用がなかったものとして記載していきます。

生命保険金などの明細書

	被相続人	父

1　相続や遺贈によって取得したものとみなされる保険金など

　　この表は、相続人やその他の人が被相続人から相続や遺贈によって取得したものとみなされる生命保険金、損害保険契約の死亡保険金及び特定の生命共済金などを受け取った場合に、その受取金額などを記入します。

保険会社等の所在地	保険会社等の名称	受取年月日	受取金額	受取人の氏名
東京都中央区日本橋小伝馬町14-10	○×△生命保険会社	3・11・13	10,000,000 円	長男の配偶者A
		・・		
		・・		
		・・		

被相続人の死亡が起因として支払われる死亡保険金を記載します。

(注)　1　相続人（相続の放棄をした人を除きます。以下同じです。）が受け取った保険金などのうち一定の金額は非課税となりますので、その人は、次の2の該当欄に非課税となる金額と課税される金額とを記入します。
　　　2　相続人以外の人が受け取った保険金などについては、非課税となる金額はありませんので、その人は、その受け取った金額そのままを第11表の「財産の明細」の「価額」の欄に転記します。
　　　3　相続時精算課税適用財産は含まれません。

2　課税される金額の計算

　　この表は、被相続人の死亡によって相続人が生命保険金などを受け取った場合に、記入します。

保険金の非課税限度額	（500万円× 〔第2表のⒶの法定相続人の数〕 2 人 により計算した金額を右のⒶに記入します。）			Ⓐ 10,000,000 円
保険金などを受け取った相続人の氏名	① 受け取った保険金などの金額	② 非課税金額 $\left(Ⓐ \times \dfrac{各人の①}{Ⓑ} \right)$	③ 課税金額 （①－②）	
	円	円	円	
合　計	Ⓑ			

生命保険金の非課税枠が適用できないためこちらは記載しません。

(注)　1　Ⓑの金額がⒶの金額より少ないときは、各相続人の①欄の金額がそのまま②欄の非課税金額となりますので、③欄の課税金額は0となります。
　　　2　③欄の金額を第11表の「財産の明細」の「価額」欄に転記します。

相続税額の加算金額の計算書

	被相続人	父

この表は、相続、遺贈や相続時精算課税に係る贈与によって財産を取得した人のうちに、被相続人の一親等の血族（代襲して相続人となった直系卑属を含みます。）及び配偶者以外の人がいる場合に記入します。

なお、相続や遺贈により取得した財産のうちに、次の管理残額がある人は、第4表の付表を作成します。

イ　租税特別措置法第70条の2の2（直系尊属から教育資金の一括贈与を受けた場合の贈与税の非課税）第12項第2号に規定する管理残額のうち、平成31年4月1日から令和3年3月31日までの間であって、被相続人の相続開始前3年以内に被相続人から取得した信託受益権又は金銭等に係る部分

ロ　租税特別措置法第70条の2の3（直系尊属から結婚・子育て資金の一括贈与を受けた場合の贈与税の非課税）第12項第2号に規定する管理残額のうち、令和3年3月31日までに被相続人から取得した信託受益権又は金銭等に係る部分

（注）一親等の血族であっても相続税額の加算の対象となる場合があります。詳しくは「相続税の申告のしかた」をご覧ください。

加算の対象となる人の氏名		長男の配偶者A	長男の子B		
各人の税額控除前の相続税額 （第1表⑨又は第1表⑩の金額）	①	2,208,000 円	10,488,000 円	円	円
相続開始の時において被相続人の一親等の血族であった期間内にその被相続人から相続時精算課税に係る贈与によって取得した財産の価額	②			円	円
被相続人から相続、遺贈や相続時精算課税に係る贈与によって取得した財産などで相続税の課税価格に算入された財産の価額（第1表①＋第1表②＋第1表⑤）	③				
加算の対象とならない相続税額（①×②÷③）	④				
措置法第70条の2の2第12項第2号に規定する管理残額がある場合の加算の対象とならない相続税額（第4表の付表⑦）	⑤	円	円	円	円
措置法第70条の2の3第12項第2号に規定する管理残額がある場合の加算の対象とならない相続税額（第4表の付表⑭）	⑥	円	円	円	円
相続税額の加算金額（①×0.2） ただし、上記④〜⑥の金額がある場合には、（①−④−⑤−⑥）×0.2）となります。	⑦	441,600 円	2,097,600 円	円	円

相続人以外のものを記載し，第1表の相続税額を記入します。

加算金額を⑦の列で計算します。
上記①の金額に0.2を乗じた金額が加算金額となります。

（注）　1　相続時精算課税適用者で〜かつ、相続開始の時までに〜〜〜〜けている人で、
　　　　2　各人の⑦欄の金額を第1〜

5　まとめ

相続税申告において，相続人以外の者が財産を取得することに対しては税制上優遇されていません。本事例の長男の子Bが未成年者や障害者であったとしても，未成年者控除や障害者控除も法定相続人に限定されているため，適用ができません。

また，2割加算の制度は，孫が子を飛ばして相続すると，相続税を1回免れることができることと，後順位の相続人が相続するのは偶然性が高いため，相続税の負担調整を図る目的で規定されています。そのため，相続人以外の者へ財産を渡したい場合には，生前贈与によって財産を渡すというのも有効な方法の1つです。

遺言書作成の際には，受遺者が負担する税金のことまで考慮して，生前にクライアントと慎重に検討すべきです。

<table>
<tr><td>ケース 16</td><td>遺贈寄附や相続財産の
寄附がある場合</td><td>関連する申告書等
第14表</td></tr>
</table>

【相談内容】

〈相続財産〉

- ・預金　　　　　　　　200,000千円
- ・株式（上場株式）　200,000千円

〈遺言書〉

- ・父の自筆証書遺言に「遺産のうち預金は，公益法人であるＡ社に遺贈する。残りの株式については兄弟で2分の1ずつ分けて欲しい。」と記載があった。

〈相続人の状況〉

- ・長男は，遺贈により取得した株式を父と同様にＡ社に全て寄附することにした。
- ・二男は，遺贈により株式を取得したが寄附はしていない。

〈その他〉

　Ａ社は，法人税法上，公益法人に該当し，承認特例対象法人には該当していない（承認特例対象法人とは，国立大学法人等，公益社団法人，公益財団法人，学校法人（学校法人会計基準に従い会計処理を行う一定のものに限ります），社会福祉法人をいう）。

1 税理士としてのアドバイス

　遺言書に国や公益法人等に寄附する旨が書かれているケースがよくあります。

　そのような場合，下記のポイントにより税務上の取扱いが大きく異なり，相続税

や所得税の税金計算に影響があるので注意が必要です。

・遺贈又は寄附の意思決定者は誰なのか

・相手先は個人か法人か

・遺贈又は寄附の資産内容

・遺贈又は寄附の目的は何か

今回の事例では，具体的に以下の２つの取引が生じています。

①「被相続人である父」が「Ａ社」に「預金を遺贈」する取引

②「相続人である長男」が「Ａ社」に「株式を寄附」する取引

上記２つの取引について，下記に列挙している条文に沿いながら，相続税の非課税が適用できるか否か，所得税の譲渡所得の対象になるのか否かを整理し，相続税申告における実務上の留意点及び申告書の記載方法等を解説していきます。

・相続税の納税義務者（相法１の３）

・贈与等の場合の譲渡所得等の特例（所法59）

・国等に対して相続財産を贈与した場合等の相続税の非課税等（措法70）

・国に対して財産を寄附した場合の譲渡所得等の非課税（措法40）

・寄附金控除（所法78）

・公益社団法人等に寄附をした場合の所得税額の特別控除（措法41の18の３）

２　税務上の取扱い

本事例における遺贈又は寄附について，ケース別に解説していきます。

⑴　父がＡ社に預金を遺贈するケース

①　相続税の納税義務者（相法１の３）

遺贈の相手先，すなわち受遺者が誰なのかがポイントなります。そもそも，相続税の納税義務者とは相続税法１条の３に規定されており，遺産を取得する者が一定の要件を満たす「個人」に限定されています。

本稿におけるケースでは，遺贈の相手先が「公益法人Ａ社」であることから相続税の納税義務は発生せず，対象外となります。したがって，相続税申告における「相続や遺贈によって取得した財産の価額」には含まれず，申告書作成についても本ケースの場合は不要となります。

②　贈与等の場合の譲渡所得等の特例（所法59）

個人から法人への贈与については，上記①により相続税の対象になりません。し

かし，みなし個人要件として「法人」が所得税の対象となることがあります（所法59）。

　ここでのポイントは，何を遺贈したのか，資産の内容により取扱いが分かれることです。本ケースでは，資産の内容が「預金」であり，譲渡所得の対象資産ではないため譲渡所得は発生しません（所法33，所基通33－1）。

③　寄附金控除（所法78）・公益社団法人等に寄附をした場合の所得税額の特別控除（措法41の18の3）

　被相続人が準確定申告の納税義務者である場合や，源泉徴収制度により源泉が控除され還付が見込まれる場合において，これに該当するときは，寄附金控除や特別控除が適用できる可能性があります。

　ここでのポイントは，何のための遺贈なのかということになります。公益法人の主たる目的業務に関するための遺贈（寄附）である場合には，適用の可能性がありますので事前に確認しておくとよいでしょう。

　この規定の適用を受けるためには，準確定申告書の添付書類として一定の事項が記載された証明書が必要になります。発行のタイミングと申告期限などに留意が必要です。

> **〈寄附金控除〉**
> （その年中に支出した特定寄附金の額の合計額）－ 2,000円 ＝ 寄附金控除額
> ※　特定寄附金の額の合計額は所得金額の40％相当額が限度です。

> **〈寄附金特別控除〉**
> （その年中に支出した公益社団法人等に対する寄附金の額の合計額 － 2,000円）× 40％
> ＝ 公益社団法人等寄附金控除額（100円未満切捨て）
> ※　特定寄附金の額の合計額は所得金額の40％相当額が限度です。

⑵　長男がA社に株式を寄附するケース

①　相続税の納税義務者（相法1の3）

　遺贈により株式を取得した者が長男（個人）であるため，相続税の納税義務者となります。

②　国等に対して相続財産を贈与した場合等の相続税の非課税等（措法70）

　上記①により，相続税の納税義務者となる長男が遺贈により取得した資産を国等に寄附する場合には，一定の要件を満たすと相続税が非課税となります（措法70）。

この立法趣旨は，当該寄附が被相続人の生前の意思を背景としていることや，日本の現状では教育や科学の振興等公益性の高い事業の保護育成が重要であるということです。したがって，寄附の内容が当該趣旨に即している寄附先・目的であることを確認することが重要となります。

なお，租税特別措置法70条の適用要件は2点です。

〈要件①〉
　相続税の申告書の提出期限までに，国や地方公共団体，一定の公益を目的とする事業を行う法人で租税特別措置法施行令40条の3に定めた法人に贈与していること
〈要件②〉
　相続税が不当に減少する結果とならないと認められること

租税特別措置法基本通達70－1－5により，相続税法19条が適用となる相続開始前3年以内に贈与があった財産や，相続時精算課税の適用を受ける財産は，租税特別措置法70条の非課税の規定の対象外になります。

③　贈与等の場合の譲渡所得等の特例（所法59）
　上記②において，相続税が非課税となった場合でも，⑴と同様にみなし個人要件に該当するかの検討が必要となります。

　今回は寄附資産が「株式」であることから，譲渡所得の対象となる資産に該当し，所得税法59条1項1号のみなし個人要件を満たすことになります。

　したがって，原則として時価により譲渡したものとみなされ，譲渡所得が課税されることとなります。そのため，譲渡所得を非課税とするためには，下記④による租税特別措置法40条の検討が必要となります。

④　国等に対して財産を寄附した場合の譲渡所得等の非課税（措法40）
　この規定は，上記③の個人から国等に対して寄附があった場合の譲渡所得について，譲渡所得の基因となる贈与又は遺贈はなかったものとみなし，譲渡所得を非課税とする規定です。

　本ケースでは，公益法人への寄附となるため，この規定を適用するためには国税庁長官の承認が必要となります。適用要件は以下3点です。

〈要件①〉
　財産を寄附したことが教育又は科学の振興，文化の向上，社会福祉への貢献など公益の増進に著しく寄与すること
〈要件②〉
　寄附をした財産又は代替資産が，寄附をした日から2年以内にその法人の公益を目的

とする事業に使われる又は使われる見込みであること

〈要件③〉
　財産を寄附した人の所得税の負担が結果的に不当に減少しないこと及び財産を寄附した人の親族などの相続税又は贈与税の負担が結果的に不当に減少しないこと

　詳細は国税庁ホームページ上の「公益法人等に財産を寄附した場合における譲渡所得等の非課税の特例のあらまし」を参照してください。

　したがって，相続人である長男は，租税特別措置法40条の適用ができる場合には，この寄附に関しては，相続税及び所得税は非課税となります。

⑤　寄附金控除（所法78）・公益社団法人等に寄附をした場合の所得税額の特別控除（措法41の18の３）

　相続人の確定申告においても，上記(1)③と同様の取扱いとなります。ただし，寄附金の金額は，租税特別措置法40条の適用があった場合には，その資産の取得価額となり時価ではないので留意が必要です（措法40の19）。

3　実務上の留意点

　上記**2**で述べた租税特別措置法70条，40条において留意点は数多くあります。

　まずは，租税特別措置法70条，40条の要件を満たす遺贈又は寄附先であるのか，寄附先に事前の相談確認が必須と考えられます。また，遺贈又は寄附先であったとしても受け付ける資産内容を限定している場合もあるので併せて確認したいところです。

　なお，相続税を申告する税理士として，クライアントに伝えるべきことに下記のような事項があります。

(1)　租税特別措置法70条及び40条について相続税申告後に不適用になることがあること

　租税特別措置法70条を適用し，相続税が非課税となった場合において，その受贈法人（今回のケースでいえば「A社」）が下記の事由に該当した場合ときは，相続税の非課税が取り消されてしまいます（措法70の２）。

〈事由①〉
　贈与があった日から２年を経過した日までに租税特別措置法70条が適用できる一定の要件を満たす法人でなくなった場合

　また，同様に租税特別措置法40条についても，受贈法人がその寄附があった日から２年を経過する日までに当該財産を公益目的事業の用に直接供さなかったときは，承認は取り消され，譲渡所得の課税対象となります。

⑵　租税特別措置法70条の適用に当たっての添付書類について

　添付書類の不備によって，適用ができなかった裁判事例もあるため，相続税の申告期限までに添付書類を厳密に入手して申告することが重要となります（東京地裁平成25年２月22日判決）。

⑶　租税特別措置法40条における寄附の申請手続きについて

　寄附先が公益法人である場合には，租税特別措置法40条を適用するに当たり，「一般特例」，「承認特例」という２つのパターンがあります。

　どちらに該当するかの判断が必要となり，承認要件，必要書類も異なります。

　また，租税特別措置法40条の適用を受けるためには，寄附の日から４か月以内に「租税特別措置法第40条の規定による承認申請書」を国税庁長官に提出しなければなりません。相続発生後の落ち着かないときですが，このスケジューリングも重要となりますので留意したいところです。

⑷　遺留分侵害額請求権の権利は残る

　本相談では遺留分侵害額は発生しないため触れていませんが，遺留分侵害額があった場合には，請求権としての権利が存在します。

　仮に本相談において，全ての遺産をＡ社に遺贈していた場合には，相続人である長男，二男については遺留分侵害額相当額をＡ社に請求することができ，Ａ社は金銭を渡す必要性が出てきます。被相続続人が遺贈する背景には様々な想いがあるため，遺留分を考慮した遺言書の作成が必要になります。

　また，民法改正により遺留分制度の見直しがされています（2019年７月１日施行）。これは，遺留分減殺請求から生ずる権利を金銭債権化するもので，遺留分権利者は受遺者等に対し，遺留分侵害額に相当する金銭の支払を請求をすることができるようになりました（民法1046）。

　なお，遺留分侵害額の請求に基因するその負担額として金銭の支払をした場合には，金銭債務の弁済をしたにすぎないので，所得税の課税関係の問題は生じません。

ただし，受遺者等が，遺留分侵害額請求に基づく金銭の支払に代えて資産（土地や非上場株式等以外の資産も含む）を移転した場合には，その履行により消滅した債務の額に相当する価額によって譲渡があったものとして取り扱われます。したがって，譲渡所得が発生しますので留意が必要です（所基通33－1の6，38－7の2）。

4 相続税申告書等の記載例

　相続人である長男が，A社に株式100,000千円を寄附する取引が，上記2の租税特別措置法40条を適用する場合の第14表の記載例を確認します。

5 ま と め

遺産は，被相続人が一生かけて築き上げた財産です。その被相続人の想いを踏まえた上で，国等に遺贈又は寄附した場合には，一定の要件を満たすと相続税が非課税となることがあります。

とはいえ，実務上はスケジューリングや適用要件の判定が不確定な部分もあり難しいこともありますので，生前の段階からクライアントと相談しながら進めておくとよいでしょう。

なお，遺留分侵害額請求権が残ることを見据え，遺言書作成を行うこともポイントとなります。

<table>
<tr><td></td><td style="text-align:right;"></td></tr>
</table>

ケース 17　**名義財産がある場合**

【相談内容】

被相続人　父　　　　　　　母　　相続人①
　　　　　　　　　　　　　　　　　（80歳，専業主婦）

（享年86歳，元サラリーマン，
引退後は年金生活）
相続開始日　令和3年6月24日

長男　相続人②
　　　　（50歳，会社員，父とは別居）

〈相続財産（金額は相続税評価額）〉
　・自宅土地　50,000千円
　・自宅建物　5,000千円
　・現金預金　30,000千円
　・死亡保険金　20,000千円（受取人母）

〈母名義の財産〉
　・預貯金　50,000千円

〈長男名義の財産（名義財産と疑われるもののみ）〉
　・A銀行の普通預金　3,000千円
　・B銀行の普通預金　2,000千円
　・生命保険　5,000千円

〈相続人の要望〉
　父名義ではないけども実質的に父が拠出した預金や生命保険がある。父名義以外の財産の範囲を適切に把握したい。また，過大な納税はしたくない。できるだけ相続税を抑えつつも税務調査で指摘を受けない申告書を作成してもらいたい。

1 税理士のアドバイス

　被相続人名義以外の財産については，その名義にかかわらず実質的な所有者が被相続人であるとされた場合には相続税の課税対象に含める必要があります。実質的な所有者の判定は，その原資，支配管理の状況，贈与成立の有無，その財産から生じる利益の収受状況等を総合的に考慮して決定します。以下に名義人ごと，財産ごとに解説します。

2 名義財産の評価について

　名義財産の評価方法は，相続税法や財産評価基本通達に定められていません。あえて根拠を示すとするならば租税法の原理原則である実質課税の原則でしょうか。具体的な評価方法が規定されていないため，過去の判例等を参考に実務上は主に下記の要素を総合的に判断して評価を進めていくこととなります。

---

(1)　原資……その財産の資金の出捐者が誰か
(2)　管理……その財産を管理，運用していたのは誰か
(3)　利益……その財産から生ずる利益の帰属者は誰か
(4)　関係……その財産の名義人と被相続人の関係は
(5)　経緯……その財産がその名義人とするに至った経緯

　名義人が被相続人の配偶者なのか子なのか，同居親族なのか別居親族なのか，その名義人が働いていたのか無職だったのか等により名義財産の評価アプローチも違ったものとなり得ます。以下に本事例のケースごとに名義財産の評価方法を確認していきましょう。

3 母 名 義

　母名義，すなわち被相続人の配偶者名義の財産が名義財産の評価の中で最も難易度が高くなります。配偶者の職業，経歴により評価方法が異なりますが，本相談事例のケースは専業主婦という前提であるため一般的には下記の流れにより配偶者名義の財産を評価することとなります。

---

(1)　母の過去の主な収入や支出をヒアリング
(2)　母名義の財産の一覧を作成
(3)　過去10年程度の夫婦間の資金移動を確認

---

(1)　母の過去の主な収入や支出をヒアリング

　母の過去の主な収入を確認することにより，現在の母名義の財産の残高の妥当性を検証します。一般的に専業主婦である母の主な収入は下記のようなものが想定されるでしょう。

① 結婚持参金

② パート収入，アルバイト収入

③ 年金収入

④ 両親等からの遺産

⑤ 賃料収入，その他の収入

上記の収入をヒアリングや入手した資料等から集計します。

　もちろん，上記収入が全て蓄財されているケースはほぼないでしょうから，主な支出（生活費，不動産購入，子や孫への贈与等）についてもヒアリングします。主な支出を確認するときにあわせて夫婦間の家計の管理の状況，各口座の管理運用状況も確認します。

　例えば，

☑ 生活費，教育費，医療費等の主な支出はすべて被相続人である父の口座から負担していて母名義の口座は貯まる一方だった。

☑ 父から母に毎月一定額を振り込んで母の口座から生活費等が支払われていた。

☑ Ａ銀行の母名義の口座は父が管理していたが，Ｂ銀行の母名義の口座は母自身が管理していた。

などの状況を確認することとなります。

　以上により，母の過去の主な収入から主な支出を差し引いてあるべきの母の固有財産と認められる残高を求めます。

(2)　母名義の財産の一覧を作成

　父の相続開始時点の母名義の財産の一覧を作成します。

　これに漏れがあった場合にはロジックが破綻するため，漏れのないように被相続人の財産一覧を作成するのと同様の精度で作成します。ときには，母名義の預金や証券の残高証明書発行を依頼するケースもあります。

　ここで求めた母名義の財産一覧の残高と上記(1)の母のあるべきの残高を比較することにより，父の相続財産に計上すべきものがないかどうか確認します。

(3)　過去10年程度の夫婦間の資金移動を確認

　上記(1)と(2)で大きな乖離がなかったとしても，直近10年程度で夫婦間の資金移動

が存在したらロジックが破綻してしまうため，直近の夫婦間の資金移動を確認して最終調整をすることとなります。

　本相談事例の場合には，過去の母の主な収入は下記の通りでした。
(1)　母の父からの遺産　10,000千円
(2)　公的年金の蓄財　10,000千円
(3)　過去のパート収入　10,000千円
　また，生活費等は全て父が負担しており，母の上記収入は取り崩されずに蓄財されていたとのことでした。さらに，過去10年程度の夫婦間の資金移動を確認したところ大きな金額の資金移動はありませんでした。
　以上のことから，母の固有財産は上記収入の合計30,000千円と認定し，母名義の預金残高50,000千円との差額である20,000千円を父の相続財産として評価します。

4　長男名義

　長男名義の預金については，贈与が成立しているか否かの観点で名義財産に含めるかどうかを判断します。贈与が成立しているか否かは，下記の状況を総合的に考慮して判定します。

---
(1)　贈与契約書の有無
(2)　贈与税申告書の有無
(3)　口座開設時の届出印や筆跡
(4)　通帳，証書，キャッシュカード，届出印の管理状況
(5)　金融機関からの郵送物の郵送先
(6)　口座開設後，資金移動後の当該口座の利用状況
(7)　当該口座を名義人が自由に使えたか，使えた場合に使っていなかった理由

　本相談事例の場合には，贈与契約書もなく，贈与税申告もしていませんでした。各口座の状況は下記の通りです。

(1)　A銀行の普通預金　3,000千円
　口座開設日：平成10年3月
　口座開設時の届出印：父の届出印
　口座開設者：父
　開設後の管理状況：通帳，証書，キャッシュカード，届出印はすべて父が管理
　当該口座の存在を長男は知らなかった（父が亡くなったあとにはじめて知った）。

以上のことから，A銀行の長男名義の預金口座は父の相続財産に計上することとなりました。

⑵　B銀行の普通預金　2,000千円

口座開設日：平成23年12月

口座開設時の届出印：長男の届出印

口座開設者：長男

口座の原資：父

開設後の管理状況：通帳，証書，キャッシュカード，届出印は全て長男が管理

口座開設以来長男が自由に使える状況で生活費等の口座として使っていた。

　当該口座は口座開設時点で父から長男に贈与が成立していると考えられます。本来ならば平成24年3月に贈与税申告をすべきでしたが失念していた状況です。贈与税の除斥期間が平成30年3月に経過済みのため贈与税の期限後申告は不要となります。

　以上のことから，B銀行の長男名義の預金口座は長男固有財産に該当するものと考えました。

⑶　生命保険　5,000千円

当該生命保険の契約内容等は下記の通りです。

契約者・被保険者：長男

保険金受取人：父

保険料支払口座：上記⑴の長男名義のA銀行の普通預金口座

　実質的な父の所有口座から保険料が支払われているため本保険契約の保険料負担者は父と考えるのが相当です。したがって，当該生命保険契約の相続開始時点の解約返戻金相当額である5,000千円をみなし相続財産として相続税の課税価格を構成すると判断しました。

5　相続税申告書等の記載例

　名義財産の表記については，第11表に被相続人以外の名義である旨を付記した方がよいでしょう。また，申告書の添付書類としてどのような経緯，ロジックで名義財産を評価したかを根拠となる資料とともに記述すべきでしょう。

相 続 税 が か か る 財 産 の 明 細 書

（相 続 時 精 算 課 税 適 用 財 産 を 除 き ま す。）

被相続人	父

○相続時精算課税適用財産の明細については、この表によらず第11の2表に記載します。

この表は、相続や遺贈によって取得した財産及び相続や遺贈によって取得したものとみなされる財産のうち、相続税のかかるものについての明細を記入します。

遺産の分割状況	区　　　分	1　全部分割	2　一部分割	3　全部未分割
	分　割　の　日	・　・	・　・	・　・

財　産　の　明　細						分割が確定した財産	
種　類	細　目	利用区分、銘柄等	所在場所等	数　量 固定資産税評価額	単　価 倍　数	価　額	取得した人の氏名	取得財産の価額
土地	宅地			100 (11・11の2表の付表1のとおり)	円	円 10,000,000	母	(持分1/1)　円 10,000,000
	(小計)					(10,000,000)		
〔計〕						〔 10,000,000〕		
家屋等	家屋等					5,000,000	母	5,000,000
〔計〕						〔 5,000,000〕		
現金,預貯金等	預貯金					30,000,000	母	(持分1/2) 15,000,000
							長男	(持分1/2) 15,000,000
現金,預貯金等	預貯金	母名義				20,000,000	母	20,000,000
現金,預貯金等	預貯金	長男名義				3,000,000	長男	3,000,000
〔計〕						〔 53,000,000〕		
その他の財産	生命保険金等					10,000,000	母	10,000,000
	(小計)					(10,000,000)		
その他の財産	その他	生命保険契約の権利 長男名義				5,000,000	長男	5,000,000
	(小計)					(5,000,000)		
〔計〕						〔 15,000,000〕		

合計表	財産を取得した人の氏名	(各人の合計)	母	長男			
	分割財産の価額 ①	円 83,000,000	円 60,000,000	円 23,000,000	円	円	円
	未分割財産の価額 ②						
	各人の取得財産の価額（①＋②）③	83,000,000	60,000,000	23,000,000			

(注)　1　「合計表」の各人の③欄の金額を第1表のその人の「取得財産の価額①」欄に転記します。
　　　2　「財産の明細」の「価額」欄は、財産の細目、種類ごとに小計及び計を付し、最後に合計を付して、それらの金額を第15表の①から㉞までの該当欄に転記します。

第11表(令2.7)

(資4-20-12-1-A4統一)

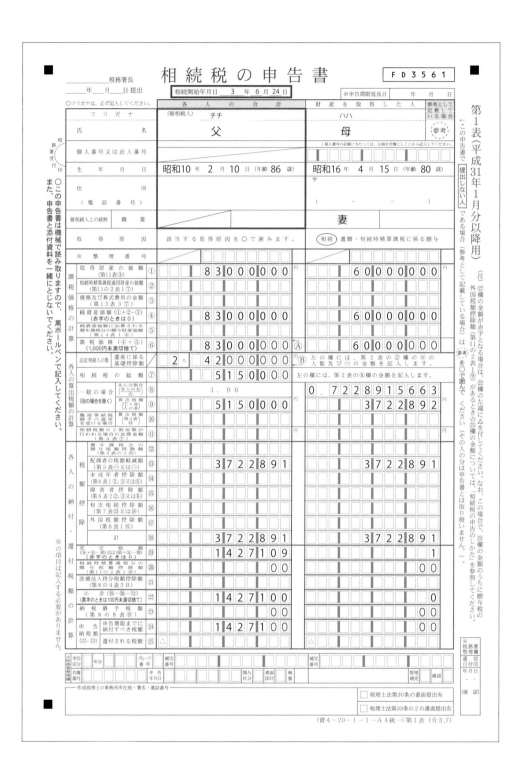

相続税の申告書(続)

○フリガナは、必ず記入してください。

○この申告書は機械で読み取りますので、黒ボールペンで記入してください。

	財産を取得した人	参考として記載している場合	財産を取得した人	参考として記載している場合
フリガナ	チョウナン			
氏 名	長男	〔参考〕		〔参考〕
個人番号又は法人番号	↓個人番号の記載に当たっては、左端を空欄としここから記入してください。		↓個人番号の記載に当たっては、左端を空欄としここから記入してください。	
生 年 月 日	昭和46 年 5 月 2 日(年齢 50 歳)		年 月 日(年齢 歳)	
住 所 (電話番号)	〒 (-)		〒 (-)	
被相続人との続柄 職業	長男			
取 得 原 因	相続・遺贈・相続時精算課税に係る贈与		相続・遺贈・相続時精算課税に係る贈与	
※ 整 理 番 号				

課税価格の計算

取得財産の価額 (第11表③)	①	23000000 円		円
相続時精算課税適用財産の価額 (第11の2表1⑦)	②			
債務及び葬式費用の金額 (第13表3⑦)	③			
純資産価額(①+②-③) (赤字のときは0)	④	23000000		
純資産価額に加算される暦年課税分の贈与財産価額 (第14表1④)	⑤			
課税価格(④+⑤) (1,000円未満切捨て)	⑥	23000000 000		000

各人の算出税額の計算

法定相続人の数 遺産に係る基礎控除額				
相続税の総額	⑦			
一般の場合(⑩の場合を除く)	あん分割合(各人の⑥)/Ⓐ ⑧	0.27710843 37	.	
	算出税額(⑦×各人の⑧) ⑨	1427108 円		円
農地等納税猶予の適用を受ける場合	算出税額(第3表⑧) ⑩			
相続税額の2割加算が行われる場合の加算金額 (第4表1⑤)	⑪	円		円

各人の納付・還付税額の計算

税額控除					
	暦年課税分の贈与税額控除額 (第4表の2⑤)	⑫			
	配偶者の税額軽減額 (第5表⑭又は⑪)	⑬			
	未成年者控除額 (第6表1②、③又は⑥)	⑭			
	障害者控除額 (第6表2②、③又は⑥)	⑮			
	相次相続控除額 (第7表⑬又は⑱)	⑯			
	外国税額控除額 (第8表1⑧)	⑰			
	計	⑱			

差引税額(⑨+⑪-⑱)又は(⑩+⑪-⑱)(赤字のときは0)	⑲	1427108			
相続時精算課税分の贈与税額控除額 (第11の2表1⑧)	⑳	00		00	
医療法人持分税額控除額 (第8の4表2B)	㉑				
小計(⑲-⑳-㉑)(黒字のときは100円未満切捨て)	㉒	1427100			
納税猶予税額 (第8の8表⑧)	㉓	00		00	
申告納税額 申告期限までに納付すべき税額(㉒-㉓)	㉔	1427100		00	
還付される税額	㉕	△		△	

税務署整理欄	申告区分	年分		グループ番号		補完番号				補完番号		
	名簿番号			申告年月日		管理補完	確認	検算		管理補完	確認	

右側縦書き：
第1表(続)(平成31年1月分以降用)

○この申告書で提出しない人である場合(参考として記載している場合)は、〔参考〕を○で囲んでください。

(注) ㉒欄の金額が赤字となる場合は、㉒欄の左端に△を付してください。なお、この場合で、㉒欄の金額のうちに贈与税の外国税額控除額(第11の2表1⑨)があるときの㉕欄の金額については、「相続税の申告のしかた」を参照してください。

㉒欄の金額が赤字となる場合の外国税額控除額(第11の2表1⑨)があるときの㉕欄の金額については(その人の分は申告書とは取り扱いません。)

○の項目は記入する必要がありません。

6 ま　と　め

　被相続人以外の名義である預貯金，有価証券，生命保険等であっても実質的に被相続人に帰属する財産は相続財産に含める必要があります。名義財産を評価する上で重要となるポイントは，その財産の原資と管理状況です。また，評価する上でロジックが破綻してないかどうかも重要なポイントとなります。名義財産の評価では，相続人に対する適切なヒアリング，ロジックを構成する上での資料の分析等の能力が求められます。

<table>
<tr><td rowspan="2">
ケース 18</td><td rowspan="2">同族会社への土地の
貸付けがある場合</td><td>関連する申告書等</td></tr>
<tr><td>土地評価明細書</td></tr>
</table>

【相談内容】

相続開始日　令和3年4月10日

被相続人　父
相続人①　母
相続人②　長男
相続人③　二男
相続人④　長女

〈相続財産〉

・被相続人名義の土地は4か所（詳細は，「相続人の要望」を参照）
・被相続人名義の非上場株式

〈相続人の要望〉

　被相続人名義の土地が4か所にあり，被相続人が代表者である同族会社に全て賃貸しています。建物の名義は会社名義で，各土地の状況は次の通りです。なお，土地Aは「通常の権利金の支払い（土地の時価×借地権割合）」があり，それ以外の土地は通常の権利金の支払いがありません。

	自用地評価額	権利金の支払	実際の地代	税務署への届出
土地A	8,000万円	あり	－	－
土地B	5,000万円	なし	相当の地代	相当の地代の改訂方法に関する届出
土地C	4,000万円	なし	固定資産税等	無償返還届出
土地D	6,000万円	なし	ゼロ	無償返還届出

※全ての土地の借地権割合は60%とする。

　会社への土地の貸付けがある場合，被相続人名義の土地の評価，及び同族会社（非上場株式）の株価の評価にどのような影響があるのかを教えてください。

1　税理士のアドバイス

　借地権の相続税評価は様々です。対象者が個人か法人か，有償か無償か，権利金があるかどうか，地代が高いか安いかなどの状況により評価方法や評価額が異なり

ます。ここでは，貸主（地主）が個人で，借主が同族会社のケースを解説します。

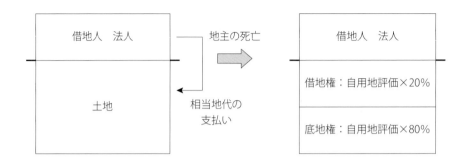

　借地権者が法人の借地権の設定を前提として，権利金を収受する慣行のある地域において権利金の授受に代えて相当の地代を支払う場合には，借地権の価額はゼロと評価される一方，貸宅地の評価は自用地評価の80％になります。

　ただし，借地権者が土地所有者の同族会社であるときは，当該借地権の価額はゼロではなく，自用地評価の20％になります。すなわち，同族会社の株式の相続税評価額を計算する際に，1株当たりの純資産価額（相続税評価額）に算入されることになります。

2　借地権及び底地権の相続税評価額

　借主（借地権者）を法人（同族会社），貸主（底地権者）を個人とした場合の，相続税評価額について整理します。

	土地	借地権の設定方式	借地権評価額	底地権評価額
①	土地A	権利金方式	自用地×借地権割合	自用地×（1－借地権割合）
②	土地B	相当地代方式（改訂方式）	自用地×20％	自用地×80％
		無償返還届提出方式		
③	土地C	賃貸借契約書の場合	自用地×20％	自用地×80％
④	土地D	使用貸借契約書の場合	ゼロ	自用地

(1)　権利金方式

　通常の権利金の支払いがある場合，「自用地×（1－借地権割合）」が相続税評価額になります。一方，借地権者が法人の場合における借地権評価額は，法人の株価計算における純資産価額上の借地権評価額という意味になります。

　例えば，自用地の評価額8,000万円，借地権割合60％とした場合，借地評価額及び底地権評価額は次のようになります。

（※）法人の株価評価（純資産価額の場合のみ）において，借地権価額を4,800万円として
評価します。

(2) 相当地代方式（改訂方式）

　実際の地代（相続開始時に実際に支払っている1年間の地代）が相当の地代（過去3年間の自用地評価額の平均値×6％）と同額の場合は，自用地×80％が相続税評価額になります。この場合，税務署に「相当の地代の改訂方法に関する届出」の提出が必要となります。

　土地Bの自用地の評価額は5,000万円ですので，借地評価額及び底地権評価額は次のようになります。

（※）法人の株価評価（純資産価額の場合のみ）において，借地権価額を1,000万円として
評価します。

　借地権の設定に当たり権利金を授受する取引慣行がある地域においても，借地人が相当の地代を支払っている場合の借地権の評価額は原則としてゼロになります。

　一方，借地人が会社で貸主がその会社の同族株主等になっている場合には，当該会社の株式等の価額を純資産価額方式で計算する場合には，借地評価額はゼロではなく，自用地価額の20％（1−0.8）相当額により評価します。この理由は，貸宅地の評価額が自用地価額の80％相当額により評価される関係上，その土地の価額は，個人と法人とを通じて100％顕現することが課税の公平上適当であると考えられて

いるためです（昭和43年通達「相当の地代を収受している貸宅地の評価について」昭和42年7月10日付東局直資第72号による上申に対する指示）。

(3)　無償返還届方式（賃貸借契約書の場合）

　無償返還届出書を税務署に提出して，一定の地代額を収受する土地の賃貸借契約を締結して土地の賃借を行っています。土地Cの自用地の評価額は4,000万円ですので，借地評価額及び底地権評価額は次のようになります。

建物

借地権 ｝借地評価額 4,000万円×0.2＝800万円（※）

土地（底地権） ｝底地権評価額 4,000万円×0.8＝3,200万円

（※）法人の株価評価（純資産価額の場合のみ）において，借地権価額を800万円として評価します。

　相当地代通達5の規定により，土地の無償返還に関する届出書が提出されている借地権の価額はゼロとして評価します。

> （相当地代通達5）
> 　借地権が設定されている土地について，平成13年7月5日付課法3－57ほか11課共同「法人課税関係の申請，届出等の様式の制定について」（法令解釈通達）に定める「土地の無償返還に関する届出書」（以下「無償返還届出書」という。）が提出されている場合の当該土地に係る借地権の価額は，零として取り扱う。（平成17課資2－4　改正）

　しかし，借地権評価額ゼロ及び底地権評価額3,200の合計3,200万円が自用地評価額4,000万円に満たないため，昭和43年通達「相当の地代を収受している貸宅地の評価について」より，相当の地代を収受している貸宅地の評価について個人と法人とを通じて100％顕現することが課税の公平上適当であると考えられているため，「借地評価額＝4,000万円×20％＝800万円」として評価します。

(4)　無償返還届方式（使用貸借契約書の場合）

　上記(3)との違いは，使用貸借であるという点です。使用貸借の場合，土地（底地）は自用地で評価をします。また，借地権評価額は，貸宅地の価額はその土地の自用地価額と一致するため，昭和43年通達の適用はありません。

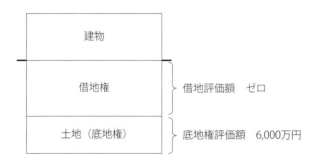

建物

借地権 }借地評価額　ゼロ

土地（底地権） }底地権評価額　6,000万円

---

3 計 算 例

(1) 被相続人の底地の評価額

（単位：万円）

土地A	8,000×（1－0.6）	3,200	自用地×（1－借地権割合）
土地B	5,000×0.8	4,000	自用地×80%
土地C	4,000×0.8	3,200	自用地×80%
土地D	－	6,000	自用地
合計		16,400	

(2) 法人（非上場株価）の計算上考慮すべきもの

（単位：万円）

土地A	8,000×0.6	4,800	自用地×借地権割合
土地B	5,000×0.2	1,000	自用地×20%
土地C	4,000×0.2	800	自用地×20%
土地D	－	ゼロ	－
合計		6,600	

---

4 留 意 点

(1) 使用貸借で土地を貸している場合の個人貸主の課税関係

　個人が貸主の場合で，使用貸借契約にて土地を貸したとき，貸主自身には課税関係が生じません。しかし，借主が法人の場合，無償返還届出書が提出されていなければ，税法上使用貸借契約が認められず，借主に借地権の認定課税が生じるため，相続・贈与の際には借地権分減額して評価されることになります。

【個人貸主の課税関係（使用貸借）】

無償返還届出書の提出あり	自用地評価
無償返還届出書の提出なし	自用地評価×（1－借地権割合）

⑵　借地権の認定課税の回避

　借地権の認定課税を回避するためには，「土地の無償返還に関する届出書」を税務署に提出する必要があります。また，相当の地代の授受を行うことで回避することもできますが，実際の地代が相当の地代より少ないときは，その差額が同族会社の収益（みなし贈与があったもの）として取り扱われる可能性があります。

〈土地A〉

土地及び土地の上に存する権利の評価明細書（第1表）

局（所）	署	3 年分	ページ

（平成三十一年一月分以降用）

（住居表示）	（ ）	住　所（所在地）		使用者	住　所（所在地）	
所在地番	土地A	所有者 氏　名（法人名） 父			氏　名（法人名） 同族会社	

地　目	地　積	路　　　線　　　価				地形図及び参考事項
⑳宅地 山林 田 雑種地 畑 （ ）	200 ㎡	正　面 400,000 円 （奥行 20.00m）	側　方 円	側方 円	裏　面 円	

間口距離	m	利用区分	⑳自用地 私　道 貸家建付借地権 貸　宅　地 貸家建付地 転貸借地権 借　地　権 （ ）	地区区分	ビル街地区 高度商業地区 繁華街地区 普通商業・併用住宅地区 ⑳普通住宅地区 中小工場地区 大工場地区
奥行距離	m				

自 用 地 1 平 方 メ ー ト ル 当 た り の 価 額			（1㎡当たりの価額）	
	1　一路線に面する宅地　　（正面路線価）　　　　　　　　（奥行価格補正率） 　　　400,000 円　×　　　　1.00		円 400,000	A
	2　二路線に面する宅地　（A） 　　　　円　＋　（　　　円　［側方・裏面 路線価］（奥行価格補正率）　×　0.　［側方・二方 路線影響加算率］）		（1㎡当たりの価額） 円	B
	3　三路線に面する宅地　（B） 　　　　円　＋　（　　　円　［側方・裏面 路線価］（奥行価格補正率）　×　0.　［側方・二方 路線影響加算率］）		（1㎡当たりの価額） 円	C
	4　四路線に面する宅地　（C） 　　　　円　＋　（　　　円　［側方・裏面 路線価］（奥行価格補正率）　×　0.　［側方・二方 路線影響加算率］）		（1㎡当たりの価額） 円	D
	5-1　間口が狭小な宅地等 　　（AからDまでのうち該当するもの）　（間口狭小補正率）（奥行長大補正率） 　　　　円　×　（　　.　　×　　.　）		（1㎡当たりの価額） 円	E
	5-2　不　整　形　地 　　（AからDまでのうち該当するもの）　　不整形地補正率※ 　　　　円　×　0. 　※不整形地補正率の計算 　（想定整形地の間口距離）（想定整形地の奥行距離）（想定整形地の地積） 　　　　m　×　　　　m　＝　　　　㎡ 　（想定整形地の地積）（不整形地の地積）（想定整形地の地積）（かげ地割合） 　（　　㎡　－　　㎡）÷　　㎡　＝　　％ 　（不整形地補正率表の補正率）（間口狭小補正率）　（小数点以下2位未満切捨て） 　　0.　　　×　　　0.　　＝　0.　　① 　（奥行長大補正率）（間口狭小補正率） 　　0.　　　×　　　0.　　＝　0.　　②　［不整形地補正率　①、②のいずれか低い率、0.6を下限とする。］　0.		（1㎡当たりの価額） 円	F
	6　地積規模の大きな宅地 　（AからFまでのうち該当するもの）　規模格差補正率※ 　　　　円　×　0. 　※規模格差補正率の計算 　（地積（Ⓐ））（Ⓑ）（Ⓒ）（地積（Ⓐ））（小数点以下2位未満切捨て） 　｛（　㎡×　　＋　）÷　　㎡｝× 0.8　＝　0.		（1㎡当たりの価額） 円	G
	7　無　道　路　地 　（F又はGのうち該当するもの）　　（※） 　　　　円　×　（1　－　0.　） 　※割合の計算（0.4を上限とする。）（F又はGのうち該当するもの） 　（正面路線価）　　（通路部分の地積）　　　（評価対象地の地積） 　（　　円　×　　㎡）÷（　　円　×　　㎡）＝ 0.		（1㎡当たりの価額） 円	H
	8-1　がけ地等を有する宅地　〔 南 、 東 、 西 、 北 〕 　（AからHまでのうち該当するもの）　（がけ地補正率） 　　　　円　×　0.		（1㎡当たりの価額） 円	I
	8-2　土砂災害特別警戒区域内にある宅地 　（AからHまでのうち該当するもの）　特別警戒区域補正率※ 　　　　円　×　0. 　※がけ地補正率の適用がある場合の特別警戒区域補正率の計算（0.5を下限とする。） 　　　　　　　　　　　　　　　〔 南、東、西、北 〕 　（特別警戒区域補正率表の補正率）（がけ地補正率）（小数点以下2位未満切捨て） 　　　0.　　　×　　0.　　＝　0.		（1㎡当たりの価額） 円	J
	9　容積率の異なる2以上の地域にわたる宅地 　（AからJまでのうち該当するもの）　　（控除割合（小数点以下3位未満四捨五入）） 　　　　円　×　（1　－　0.　）		（1㎡当たりの価額） 円	K
	10　私　　道 　（AからKまでのうち該当するもの） 　　　　円　×　0.3		（1㎡当たりの価額） 円	L

自用地の評価額	自用地1平方メートル当たりの価額 （AからLまでのうちの該当記号） （ A ） 400,000 円	地　積 200 ㎡	総　　　　　　額 （自用地1㎡当たりの価額）×（地 積） 80,000,000 円	M

（注）1　5-1の「間口が狭小な宅地等」と5-2の「不整形地」は重複して適用できません。
　　　2　5-2の「不整形地」の「AからDまでのうち該当するもの」欄の価額について、AからDまでの欄で計算できない場合には、（第2表）の「備考」欄等で計算してください。
　　　3　「がけ地等を有する宅地」であり、かつ、「土砂災害特別警戒区域内にある宅地」欄ではなく、8-2の「土砂災害特別警戒区域内にある宅地」欄で計算してください。

土地Aの自用地評価額です。

（A4統一）

土地及び土地の上に存する権利の評価明細書（第2表）

セットバックを必要とする宅地の評価額	（自用地の評価額）　　　　（自用地の評価額）　　　　　　（該当地積） 円 － （　　　　　　円 × ㎡／（総地積）㎡ × 0.7 ）	（自用地の評価額） 円	N
都市計画道路予定地の区域内にある宅地の評価額	（自用地の評価額）　　　（補正率） 円 × 0.	（自用地の評価額） 円	O

| 大規模工場用地等の評価額 | ○ 大規模工場用地等
（正面路線価）　　　　（地積）　　　　（地積が20万㎡以上の場合は0.95）
円 × ㎡ × | 円 | P |
| | ○ ゴルフ場用地等
（宅地とした場合の価額）（地積）
（　　　円 × ㎡×0.6） | 円 | Q |

借地権割合を記載します。

	利用区分	算　　式	総　　額	記号
総額計算による価額	貸宅地	（自用地の評価額）　　　　（借地権割合） 80,000,000 円 ×（1－ 0.60 ）	円 32,000,000	R
	貸家建付地目的となった土地	（自用地の評価額又はT）　　（借地権割合）（借家権割合）（賃貸割合） 円 ×（1－0.　　　× ㎡／㎡ ）	円	S
	（　　　　　）権の	円 ×（1－0.　　）	円	T
	借地権	（自用地の評価額）　　　　（借地権割合） 円 × 0.	円	U
	貸家建付借地権	（U,ABのうちの該当記号）　（借家権割合）　（賃貸割合） （　　　） 円 ×（1－0.　　× ㎡／㎡）	円	V
	転貸借地権	（U,ABのうちの該当記号）　（借地権割合） （　　　） 円 ×（1－0.　　）	円	W
	転借権	（U,V,ABのうちの該当記号）　（借地権割合） （　　　） 円 × 0.	円	X
	借家人の有する権利	（U,X,ABのうちの該当記号）　（借家権割合）　（賃借割合） （　　　） 円 × 0.　　× ㎡／㎡	円	Y
	（　　　）権	（自用地の評価額）　　　（　　割合） 円 × 0.	円	Z
	権利が競合する場合の他の権利と競合する場合の土地	（R,Tのうちの該当記号）　（　　割合） （　　　） 円 ×（1－0.　　）	円	AA
	他の権利と競合する場合の他の権利と競合する場合	（U,Zのうちの該当記号）　（　　割合） （　　　） 円 ×（1－0.　　）	円	AB

利用区分に応じて記載します。
本ケースでは「貸宅地」に区分します。

備考	

（注）　区分地上権と区分地上権に準ずる地役権とが競合する場合については、備考欄等で計算してください。

土地B及び土地Cについては，第2表の一部のみ記載します。

〈土地B〉

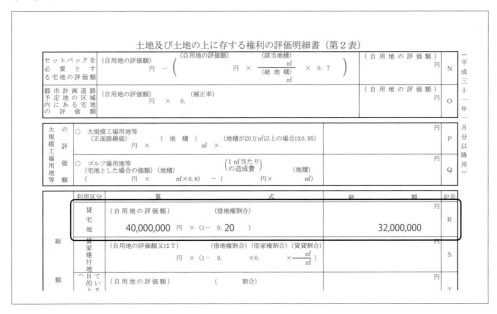

〈土地C〉

〈土地D〉

			住 所 (所在地)				住 所 (所在地)		
(住居表示)	(	)	所有者			使用者			
所 在 地 番	土地D		氏 名 (法人名)	父			氏 名 (法人名)	同族会社	

地 目	地 積	路 線 価				地	
⦿宅 地　山 林	㎡	正 面	側 方	側 方	裏 面	形	
田　　　　雑種地	200	300,000	円	円	円	図	
畑		(奥行 20.00m)円				及	

間口距離	m	利用	⦿自用地　私　道			地	ビル街地区　　⦿普通住宅地区⦿	び
		区分	貸 宅 地　貸家建付借地権			区	高度商業地区　中小工場地区	参
奥行距離	m		貸家建付地　転 貸 借 地 権			分	繁華街地区　　大工場地区	考
			借 地 権　（　　　　　　　）				普通商業・併用住宅地区	事項

	1　一路線に面する宅地 　　（正面路線価）　　　　　　　（奥行価格補正率） 　　300,000 円　×　　　　　1.00	(1 ㎡当たりの価額)　円 300,000	A
自 用 地	2　二路線に面する宅地 　　（A）　　　　　　［側方・裏面 路線価］　（奥行価格補正率）　　［側方・二方 路線影響加算率］ 　　　　　円　＋　（　　　　　円　×　　．　　　×　0.　　　）	(1 ㎡当たりの価額)　円 	B
	3　三路線に面する宅地 　　（B）　　　　　　［側方・裏面 路線価］　（奥行価格補正率）　　［側方・二方 路線影響加算率］ 　　　　　円　＋　（　　　　　円　×　　．　　　×　0.　　　）	(1 ㎡当たりの価額)　円 	C
	4　四路線に面する宅地 　　（C）　　　　　　［側方・裏面 路線価］　（奥行価格補正率）　　［側方・二方 路線影響加算率］ 　　　　　円　＋　（　　　　　円　×　　．　　　×　0.　　　）	(1 ㎡当たりの価額)　円 	D
1 平 方 メ ｜ ト ル 当 た り の 価 額	5-1　間口が狭小な宅地等 　　（AからDまでのうち該当するもの）　（間口狭小補正率）　（奥行長大補正率） 　　　　　円　×　（　　．　　　×　　．　　　）	(1 ㎡当たりの価額)　円 	E
	5-2　不 整 形 地 　　（AからDまでのうち該当するもの）　　不整形地補正率※ 　　　　　円　×　　　　0. 　　※不整形地補正率の計算 　（想定整形地の間口距離）（想定整形地の奥行距離）（想定整形地の地積） 　　　　m　×　　　　m　＝　　　　㎡ 　（想定整形地の地積）（不整形地の地積）（想定整形地の地積）　　（かげ地割合） 　（　　　㎡　－　　　　㎡）÷　　　　㎡　＝　　　　％ （不整形地補正率表の補正率）（間口狭小補正率）　　　　　　　　　（小数点以下2 　　0.　　　　×　　．　　　＝　0.　　　①　　位未満切捨て） 　（奥行長大補正率）　　（間口狭小補正率） 　　　．　　　×　　．　　　＝　0.　　　②	〔不整形地補正率 ①、②のいずれか低い 率、0.6を下限とする。〕 　　　0.	(1 ㎡当たりの価額)　円 	F
	6　地積規模の大きな宅地 　　（AからFまでのうち該当するもの）　　規模格差補正率※ 　　　　　円　×　　　　0. 　　※規模格差補正率の計算 　（地積（Ⓐ））　　（Ⓑ）　　（Ⓒ）　　（地積（Ⓐ））　　（小数点以下2位未満切捨て） 　｛（　　　㎡×　　　＋　　　）÷　　　　㎡｝×　0.8　＝　0.	(1 ㎡当たりの価額)　円 	G
	7　無 道 路 地 　　（F又はGのうち該当するもの）　　　　　　（※） 　　　　　円　×　（　1　－　0.　　　） 　　※割合の計算（0.4を上限とする。） 　（正面路線価）　　　　（通路部分の地積）　（F又はGのうち該当するもの）　（評価対象地の地積） 　（　　円　×　　　㎡）÷（　　　円　×　　　㎡）＝ 0.	(1 ㎡当たりの価額)　円 	H
	8-1　がけ地等を有する宅地　　〔 南 ， 東 ， 西 ， 北 〕 　　（AからHまでのうち該当するもの）　（がけ地補正率） 　　　　　円　×　　　　0.	(1 ㎡当たりの価額)　円 	I
	8-2　土砂災害特別警戒区域内にある宅地 　　（AからHまでのうち該当するもの）　　特別警戒区域補正率※ 　　　　　円　×　　　　0. 　　※がけ地補正率の適用がある場合の特別警戒区域補正率の計算（0.5を下限とする。） 　　　　　　　　　　　　　　　　〔 南 ， 東 ， 西 ， 北 〕 　（特別警戒区域補正率表の補正率）（がけ地補正率）（小数点以下2位未満切捨て） 　　　0.　　　×　0.　　　＝　0.	(1 ㎡当たりの価額)　円 	J
	9　容積率の異なる2以上の地域にわたる宅地 　　（AからJまでのうち該当するもの）　　　　（控除割合（小数点以下3位未満四捨五入）） 　　　　　円　×　（　1　－　0.　　　）	(1 ㎡当たりの価額)　円 	K
	10　私　　道 　　（AからKまでのうち該当するもの） 　　　　　円　×　　　　0.3	(1 ㎡当たりの価額)　円 	L

自 用 地 の 評 価 額	自用地1平方メートル当たりの価額 （AからLまでのうちの該当記号） （　A　） 　　　　300,000 円	地　　積 200 ㎡	総　　　　　額 （自用地1㎡当たりの価額）×（地　積） 60,000,000 円	M

（注）1　5-1の「間口が狭小な宅地等」と5-2の「不整形地」は重複して適用できません。
　　　2　5-2の「不整形地」の「AからDまでのうち該当するもの」欄の価額について、AからDまでの欄で計算できない場合には、（第2表）の
　　　　　「備考」欄等で計算してください。
　　　3　「がけ地等を有する宅地」であり、かつ、「土砂災害特別警戒区域内にある宅地」である場合については、8-1の「がけ地等を有する宅地」
　　　　　欄ではなく、8-2の「土砂災害特別警戒区域内にある宅地」欄で計算してください。

（資4-25-1-A4統一）

172

〈土地A～Dの借地権評価額の合計〉

第5表　1株当たりの純資産価額（相続税評価額）の計算明細書　　会社名＿＿＿＿＿＿＿＿＿＿＿

1. 資産及び負債の金額（課税時期現在）							
資　産　の　部				負　債　の　部			
科　　目	相続税評価額	帳簿価額	備考	科　　目	相続税評価額	帳簿価額	備考
	千円	千円			千円	千円	
土地	66,000	0					

> 本ケースでは借地権評価額のみ考慮しています。

合　計	① 66,000	② 0		合　計	③	④	
株式等の価額の合計額	㋑	㋺					
土地等の価額の合計額	㋩						
現物出資等受入れ資産の価額の合計額	㋥	㋭					

2. 評価差額に対する法人税額等相当額の計算			3. 1株当たりの純資産価額の計算		
相続税評価額による純資産価額 （①－③）	⑤	千円 66,000	課税時期現在の純資産価額 （相続税評価額）　（⑤－⑧）	⑨	千円 41,580
帳簿価額による純資産価額 （（②＋㋭－㋥）－④）、マイナスの場合は0）	⑥	千円 0	課税時期現在の発行済株式数 （（第1表の1の①）－自己株式数）	⑩	株
評価差額に相当する金額 （⑤－⑥、マイナスの場合は0）	⑦	千円 66,000	課税時期現在の1株当たりの純資産価額 （相続税評価額）　（⑨÷⑩）	⑪	円
評価差額に対する法人税額等相当額 （⑦×37%）	⑧	千円 24,420	同族株主等の議決権割合（第1表の1の⑤の割合）が50％以下の場合　（⑪×80%）	⑫	円

（取引相場のない株式（出資）の評価明細書）

（平成三十年一月一日以降用）

<table>
<tr><td></td><td></td><td></td></tr>
</table>

ケース19	土地を分筆相続する場合と 共有相続する場合

【相談内容】

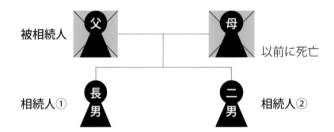

〈土地の状況〉

所在：普通住宅地区

土地：2つの路線に接する宅地（更地）

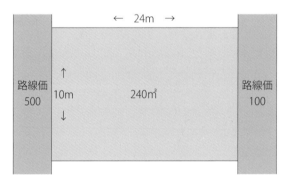

〈相続人の要望〉

兄弟で土地を相続することになったが，遺産分割の選択肢としてどのような方法があるかを知りたい。

---

1 税理士のアドバイス

実務上一番多いケースは，1つの土地を1人の相続人が相続する単有相続ですが，中には複数の相続人が1つの土地を相続するケースもあります。相続人が複数とな

るケースでは，分筆相続と共有相続の2つの方法が遺産分割の選択肢となります。

　どちらの方法を選択するかにより，それぞれのメリットとデメリットは異なり，また，土地の評価額に差異が生じる場合もあります。

2　分 筆 相 続

(1)　分筆相続の概要

　分筆相続とは，「土地登記簿上，一筆の土地」を分割し，複数筆の土地として遺産分割を行うこといいます。

　相続税申告に係る財産評価において，土地の評価額を合理的な手法をもってどれだけ減額できるかは重要な節税の論点となってきますが，分筆相続はこの「評価額を減額するための合理的な手法の1つとなります。

(2)　分筆相続による土地の評価額

　ではなぜ，分筆相続で土地の評価額を減額できることがあるのでしょうか。それは，土地の相続税評価額はその土地を1筆の土地として評価した場合と分筆した場合とで異なることがあるからです。

　ここでは，本事例の評価対象地について長男が単独所有した場合の評価額と2分の1ずつに分筆した場合の評価額について比較することにします。

①　長男が単独所有した場合

　本事例で評価対象となる2つの道路に面している土地で，正面路線の裏側に路線があるものについては，正面路線の路線価に二方路線の影響を加味して土地の評価を行います。このことを「二方路線影響加算」といいます。

　この他にも，土地の評価に際しては奥行価格補正など各種の補正を加味することとなりますが，具体的な計算方法の詳細については国税庁のホームページなどで確認してもらうこととして，二方路線影響加算を除く各種補正は省略し，評価額を算出します。

　土地を評価する場合，まず「正面路線価」の判定を行います。今回のケースでは奥行価格補正率等の各種補正は省略しているため，路線価の高い500,000円の路線が正面となります。

　次に，二方路線影響加算率を加味した上で1㎡当たりの路線価を算出します。

　具体的には，以下のように算出します。

正面路線正面＋二方路線価×二方路線影響加算率

二方路線影響加算率表

地区区分	加算率
ビル街	0.03
高度商業，繁華街	0.07
普通商業・併用住宅	0.05
普通住宅，中小工場	0.02
大工場	0.02

（国税庁「土地及び土地の上に存する権利の評価についての調整率表（平成31年1月分以降用）」より抜粋）

今回の土地の場合は，下記より502千円が1㎡当たりの路線価となります。

正面路線価500千円＋二方路線価100千円×側方路線影響加算率0.02 ＝502千円

そして上記の算式で算出した路線価に，土地の面積を乗じることで土地の評価額を算出することができます。下記より本事例の評価対象地の評価額は124,800千円となります。

1㎡当たりの価格520千円×240㎡＝124,800千円

② 分筆相続した場合

次に，評価対象となる土地の面積を2等分するように分筆し，500千円の路線に面する土地を長男が取得，100千円の路線に面する土地を二男が取得するものとした場合の評価額を算出してみます。

評価額は路線価に面積を乗じることにより算出することができます（各種補正は省略しています）。

〈長男が取得する土地の評価額〉 　1㎡当たりの価格500千円×120㎡＝60,000千円 〈二男が取得する土地の評価額〉 　1㎡当たりの価格100千円×120㎡＝12,000千円

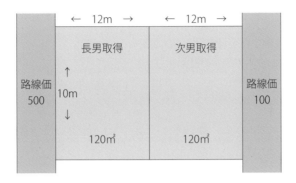

③　単独所有した場合と分筆した場合の相続税評価額の差異について

　単独所有した場合と分筆した場合の評価額を算出しましたが，土地全体の評価額は下記のようになります。

　単独所有した場合：124,800千円

　分筆した場合　　：　72,000千円

　両者の差額　　　：　52,800千円

　実態が同じ土地であっても，土地が面する道路の路線価や評価額の算出方法により，評価額にこれほどの差が生じます。土地の状況を的確に把握し，適正な分筆を行うことができれば相続税額を大きく抑えられることになります。

⑶　土地を分筆する場合の留意点

①　不合理な分割は認められない

　土地の評価額は路線価に各種補正を加味し土地の面積を乗じて算出することになります。ではこの計算方法を悪用し，下記図のように路線価の高い長男側の土地の面積を極端に小さくした場合，評価額はどうなるでしょうか。

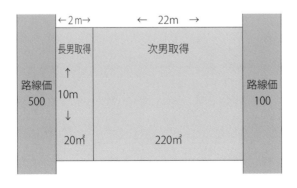

> 〈長男が取得する土地の評価額〉
>   500千円×20㎡＝10,000千円
> 〈二男が取得する土地の評価額〉
>   100千円×220㎡＝22,000千円
> 〈土地全体の評価額〉
>   10,000千円＋22,000千円＝32,000千円

　確かに，土地全体の評価額は面積が2分の1ずつになるよう分筆した場合よりもさらに小さくなります。しかし，このような分筆を行った場合，長男Aが相続する土地の活用方法は現実的ではないものとなってしまいます。

　このように，利用状況を無視した分割や，有効な土地利用が図られず通常の用途に供することができないような分割など，相続税を回避するためだけの遺産分割は「不合理分割」に該当するものとされます。

　「不合理分割」に該当した場合には，分割前の状態で評価をしなければなりません。この規定は，財産評価基本通達7－2（1）の注意書きに定められています。

> 　贈与，遺産分割等による宅地の分割が親族間等で行われた場合において，例えば，分割後の画地が宅地として通常の用途に供することができないなど，その分割が著しく不合理であると認められるときは，その分割前の画地を「1画地の宅地」とする。

　したがって分筆相続では，合理的な配分により分筆を行うことが肝となります。

② 分筆相続をする場合には測量が必要

　土地を分筆相続する場合には，測量を行い，測量図を基に土地の評価をする必要があります。

　土地の測量から分筆登記の完了までには，一般的に3～4か月を要します。さらに，隣接する土地の境界確定が難航した場合等には半年以上かかることもあります。

　また，測量には土地家屋調査士事務所への依頼費用も発生するため，資金繰りについて勘案を要する場合があるため，早めに検討を進める必要があります。

3 共有相続

(1) 共有相続の概要

　共有相続とは，1つの財産を複数人で相続することをいいます。不動産は名義人を登記しますが，不動産登記上も複数人での「共有名義」となります。

　なお，共有の持分は長男3分の2，二男3分の1など，当事者間で自由に決める

ことができ，均等に分ける必要はありません。もともと共有であった土地を相続するときは，その持分を相続することになります。また，共有相続における土地の評価額は，土地全体の評価額に各共有者の持分を乗じて算出することになります。

申告書における別表11上では下記のように記載します。

相続税がかかる財産の明細書
（相続時精算課税適用財産を除きます。）

被相続人	父

第11表（令和2年4月分以降用）

○相続時精算課税適用財産の明細については，

この表は，相続や遺贈によって取得した財産及び相続や遺贈によって取得したものとみなされる財産のうち，相続税のかかるものについての明細を記入します。

遺産の分割状況	区　分	1　全　部　分　割	2　一　部　分　割	3　全　部　未　分　割
	分　割　の　日	・　・	・　・	

財　産　の　明　細							分割が確定した財産	
種類	細目	利用区分、銘柄等	所在場所等	数量 固定資産税評価額	単価 倍数	価額	取得した人の氏名	取得財産の価額
土地	宅地	自用地		240 ㎡ 円	520,000円	円 124,800,000	長男	(持分2/3) 83,200,000
							二男	(持分1/3) 41,600,000
	(小計)					(124,800,000)		

共有相続では，自身が所有する持分のみの売却については単独の意思決定で行うことが可能ですが，賃貸借契約，共有不動産の売却や大規模修繕等の一定の行為については共有者間の同意が必要になります。

⑵　共有相続のメリットとデメリット

それでは，共有相続の特徴を解説した上で「不動産」を「共有」で相続する場合のメリットとデメリットについて確認していきます。

①　メリット

まず，所有者の公平感が大きく，遺産分割協議がスムーズに進むことが多くなります。不動産そのものを分割しようとすると，その不動産の相続税評価額や市場価格によっては公平感を保つのが難しいケースがあります。しかし共有の場合は持分を設定するだけのため，相続人間で協議がまとまりやすい傾向があります。

そして，不動産が収益物件の場合，持分に応じて賃料等の利益を受け取る権利も取得できるようになります。マンションの家賃収入等から生じる利益を各共有者へ配分できるため，相続後の各相続人の収入を確保することができます。

②　デメリット

まず，不動産を「共有」にすることで後々の相続での手続き等が煩雑になる恐れ

があります。共有名義の相続人の間で不動産に対する考え方が同じならばいいのですが，管理や処分の方法について意見が食い違うと，共有不動産の管理・変更は単独で行うことができないため方針の決定が難しくなります。

また，解決できないまま共有者が死亡し，世代交代が進むことも考えられます。共有者の子どもが複数いる場合に，漫然と相続が行われると，子どもの人数に応じて共有者が増加していき，相続が発生した際，被相続人の所有不動産の把握も煩雑となりかねません。共有者の中には所在不明者が出ることもあるかもしれません。その場合には特別の手続きが必要になってきます。

話し合いの意思がない共有者がいるケースも注意が必要です。先に述べた通り，不動産は持分だけの売却も可能なため，一族で代々受け継いできた土地の持分を見知らぬ他人が購入し共有者になることも考えられます。

4 ま と め

不動産の相続が発生したとき，相続人が複数いる場合には，相続税申告までの手続きの簡便さから共有相続を選択してしまうことがあるかも知れません。しかし，不動産が一度共有名義になると，単独名義に変更するためには再度相続人の話し合いの場を設け，司法書士への登記依頼等の煩雑な手続きを必要とします。また，世代を重ねるほど共有者が増える可能性が高くなり，後々の相続で不動産の財産内容の把握が困難になるリスクも増加します。

したがって，不動産の相続では，所有者の関係がこじれることのない単独分割又は分筆相続の道をできるだけ模索すべきであり，分筆相続をする場合には不合理分割とならないよう注意を払わなければなりません。

不動産をどのように相続するのかは，目前の相続税申告にのみ注目するのではなく，将来の相続までの見通しを持って行いたいものです。話し合いがうまくいかない場合は専門家に相談しながら，相続人全員が納得する答えを見つけていきましょう。

<table>
<tr><td rowspan="2">ケース 20</td><td rowspan="2">小規模宅地等の特例の適用
を受ける場合（共有土地）</td><td>関連する申告書等</td></tr>
<tr><td>第11表
第11・11の２表の
付表１・（別紙１）</td></tr>
</table>

【相談内容】

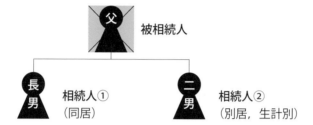

被相続人（父）

相続人①（長男）（同居）

相続人②（二男）（別居，生計別）

- 居住用家屋の敷地の相続税評価額：３億円（地積300㎡）
- 貸付用家屋の敷地の相続税評価額：２億5,000万円（地積300㎡）
- 貸付用家屋の敷地を相続した相続人は事業を引き継ぎ継続する。

〈相続人の要望〉
- 土地については長男，二男で半分ずつ取得し，建物については居住用を長男，貸付用を二男が取得することとしたい。
- 相続税はできるだけ抑えたい。

1 税理士のアドバイス

　一定の要件を満たす宅地等の相続には，小規模宅地等の特例（措法69の４）の適用があります。これは，相続税の課税価格に算入すべき金額を最大で80％減額できる特例です。今回のケースでは，共有・分筆相続について，取得者ごとに小規模宅地等の特例の適用の可否を検討する必要があります。本稿では，小規模宅地等の特例の適用の可否判定及び相続税申告書の記載方法等について解説します。

　また，検討の際には，相続人の要望から２つのケースを例に進めていきます。

〈ケース①〉父が単独所有していた敷地を長男・二男で共有相続する場合

〈ケース②〉父が単独で所有していた敷地を分筆して，居住用部分を長男，貸付用部分
　　　　　を二男が相続する場合

----

2 ポイント解説

⑴ 限度面積

　小規模宅地等の特例は，適用できる敷地の面積に制限があります。

> ・特定居住用宅地等…330㎡まで（80%の減額）
> ・貸付事業用宅地等…200㎡まで（50%の減額）
> ・特定事業用宅地等・特定同族会社事業用宅地等…400㎡まで（80%の減額）

　複数選択する場合において，その選択した宅地等に貸付事業用宅地等が含まれているときは，調整計算をした面積の合計で200㎡が限度面積となります。

> 〈限度面積の調整計算〉
> 特定居住用宅地等×200／330＋特定事業用宅地等・特定同族会社事業用宅地等
> ×200／400＋貸付事業用宅地等 ≦ 200㎡

⑵ 有利判定

　限度面積を超過している場合は，1㎡当たりの単価が高いものから順に適用した方が納税者有利となるケースが多いです。限度面積と減額割合をそれぞれかけ合わせた数字を基準に比較します。

⑴　特定居住用宅地等　330×80％＝264
⑵　特定事業用宅地等　400×80％＝320
⑶　貸付事業用宅地等　200×50％＝100

　特定居住用宅地等は貸付事業用宅地等の2.64倍ですので，１㎡単価が特定居住用宅地等の2.64倍を超えるときは貸付事業用宅地等から適用する方が有利となります。なお，取得者に配偶者や２割加算適用者がいる場合には，配偶者の税額軽減や２割加算額も加味した上での比較が必要となるため，最終的な相続税額で比較することを忘れないようにしましょう。今回のケースを例に実際に有利判定してみます。

〈特定居住用宅地等〉
単価：300,000千円÷300㎡＝1,000千円
1,000千円×330㎡×80％＝264,000千円

〈貸付事業用宅地等〉
単価：250,000千円÷300㎡＝833千円
833千円×200㎡×50％＝83,333千円

264,000千円＞83,333千円
∴　特定居住用宅地等から適用すべき

⑶　共有の論点

　被相続人が共有していた敷地を単独で相続する場合や被相続人が単独で所有していた敷地を共有で相続する場合，土地の共有者の権利はその敷地の全てに均等に及ぶと考えます。共有相続した敷地の上に，居住用家屋と貸付用家屋が建っていれば，共有者は居住用家屋に対応する敷地の持ち分と，貸付用家屋に対応する敷地の持ち分をそれぞれ所有していることになります。例えば〈ケース①〉で長男・二男がそれぞれ相続した敷地の持ち分２分の１には，居住用部分の敷地も貸付用部分の敷地も均等に含まれていると解釈します。

⑷　分筆の論点

　分筆相続した場合には筆ごとに所有権が区分されますので，それぞれの敷地の所有者がその筆を取得することになります。共有の場合のような持ち分が他の利用区分に及ぶという考え方はありません。

　ただし，分筆には土地家屋調査士への測量登記や境界確定の費用などの追加費用がかかります。また，スケジュールにも注意が必要です。隣接する土地と境界が確

定していない場合にはその境界確定に時間を要します。スムーズに進んだ場合でも2か月程度，難航した場合には半年以上かかるケースもありますので，分筆相続を提案する場合には早めに土地家屋調査士に依頼すべきでしょう。

⑸　遺産分割と小規模宅地等の選択変更

　適用を受けようとする宅地等について，申告期限までに分割協議が整っていることが要件となります。分割されていない場合には，一旦未分割申告をし，当初申告の申告期限から3年以内に分割が確定した際に，小規模宅地等の特例の適用が可能となります（詳しくは ケース5 を参照ください）。

　また，全部の財産の分割が確定している場合の申告で，一旦A家屋の敷地について小規模宅地等の特例を選択して申告をしたときは，その後の修正申告や更正の請求で「やっぱりA家屋の敷地の適用をやめて，B家屋の敷地に適用します」といった「選択替え」は原則として認められませんので注意が必要です。

3　小規模宅地等の特例の適用可否

⑴　〈ケース①〉の場合

　長男の取得した2分の1のうち，居住用家屋の敷地については，長男は生前父と同居していた親族に該当するため，申告期限までの居住要件及び所有要件を満たせば，特定居住用宅地等として小規模宅地等の特例の適用が可能です。貸付用家屋の敷地については，貸付事業の承継者は貸付用家屋を取得した二男ですので，長男の取得した貸付用家屋の敷地について小規模宅地等の特例の適用はありません。

　これに対し，二男の取得した2分の1のうち居住用家屋の敷地部分については，居住用家屋には長男が同居していましたから，同居していない二男に小規模宅地等の特例の適用の余地はありません。貸付用家屋の敷地部分については，事業を継続しているのが二男ですから小規模宅地等の特例の適用が可能です。

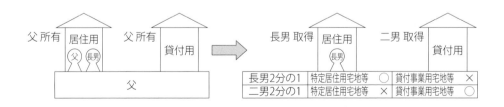

① 限度面積の確認

② 特例適用額の確認

〈特定居住用宅地等〉
3億円（居住用部分の相続税評価額）×1／2（長男の持ち分）＝1億5,000万円
1億5,000万円×150㎡／150㎡×80％（減額割合）＝△1億2,000万円
〈貸付事業用宅地等〉
2億5,000万円（貸付用部分の相続税評価額）×1／2（二男の持ち分）＝1億2,500万円
1億2,500万円×109.090909㎡／150㎡×50％（減額割合）＝△4,545万4,545円

⑵ 〈ケース②〉の場合

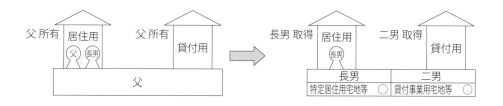

　分筆した居住用家屋の敷地については，居住用家屋とその敷地を全て取得した長男は〈ケース①〉と同様の要件を満たせば，小規模宅地等の特例の適用が可能です。
　また，貸付用家屋とその敷地を全て取得した二男も上記同様の要件を満たせば小規模宅地等の特例の適用が可能です。

① 限度面積の確認

$$\left[300㎡ _{(※1)} \times \frac{200}{330} \right] + 18.181818… _{(※2)} \leqq 200㎡$$

（※1）長男は居住用家屋の敷地，二男は貸付用家屋の敷地でそれぞれ小規模宅地等の特例の適用が可能。
（※2）300㎡×200／330＝181.818181…
　　　200㎡－181.818181…＝18.181818…（貸付事業用宅地等の限度面積）

② 特例適用額の確認

〈特定居住用宅地等〉
　3億円×300㎡／300㎡×80％（減額割合）＝△2億4,000万円

〈貸付事業用宅地等〉
　2億5,000万円×18.181818…㎡／300㎡×50％（減額割合）＝△757万5,757円

4 申告書の記載方法

　小規模宅地等の特例を適用する場合は，一般的に作成する第1表，第2表，第11表，第15表等に加え，第11・11の2表の付表1，第11・11の2の付表1（別表1）を作成します。

　第11・11の2の付表1（別表1）は，一の宅地等を2人以上の相続人又は受遺者が取得している場合又は貸家建付地の評価額の計算上「賃貸割合」が「1」でない場合に作成します。本稿では〈ケース①〉の場合に作成が必要となります。

⑴ 〈ケース①〉における第11表の書き方

　居住用部分について，長男は小規模宅地等の特例の適用がありますので第11・11の2表の付表1で計算した「⑧」の減額後の金額を記載します。また，二男は小規模宅地等の特例の適用がありません。二男の取得財産の価額は居住用部分の相続税評価額がそのまま記載されます。

　対して貸付用部分について，長男は小規模宅地等の特例の適用がありません。貸付用部分の相続税評価額がそのまま記載されます。また，二男は小規模宅地等の特例の適用がありますので第11・11の2表の付表1で計算した「⑧」の減額後の金額を記載します。

　土地の課税価格の合計は38万4,545千円になりました。

⑵ 〈ケース②〉における第11表の書き方

　長男は居住用の全ての面積について特例の適用が可能です。二男は限度面積200
㎡のうち18.18181818㎡のみ適用可能です。第11・11の2表の付表1で計算した
「⑧」の減額後の金額を記載します。

　土地の課税価格の合計は30万2,424千円になりました。

小規模宅地等についての課税価格の計算明細書

F D 3 5 4 9

被相続人

この表は、小規模宅地等の特例（租税特別措置法第69条の4第1項）の適用を受ける場合に記入します。
なお、被相続人から、相続、遺贈又は相続時精算課税に係る贈与により取得した財産のうちに、「特定計画山林の特例」の対象となり得る財産又は「個人の事業用資産についての相続税の納税猶予及び免除」の対象となり得る宅地等その他一定の　　　　　　　　　　　　　付表2記に、「特定事業用資産の特例」の対象となり得る財産がある場合には、第11・11の2表の付　　　　　　表2又は付表　　　　　　　　　　　　　　　の適用にあたっての同意」欄の記入を要　　
（注）この表　　　　　　　　　　　　　　　　　　　　　第11・11の2表の付表1（続）を使用しま　

> 特例の適用をする全ての
> 相続人を記載します。

右側の囲み
1＝居住用
③　長男取得面積全て
④　③の価額
⑤　③のうち小規模適用分
⑥　⑤の価額
⑦　減額金額
⑧　④－⑦
4＝貸付用
⑤　二男取得面積のうち 109.09090909㎡が 使えます。

1 特例の適用
この欄は、小　　
私（私たち）は、「2 小規模宅地等の明細」の①欄の取得者が、小規模宅地等の特例の適用を受ける（「2 小規模宅地等の明細」の⑤欄で選択した宅地等）の全てが限度面積要件を満たすものであること特例の適用を受けることに同意しま　

氏名	長男	二男

（注）　小規模宅地等の特例の対象となり得る宅地等を取得した全ての人の同意がなければ、この特例の

2 小規模宅地等の明細
この欄は、小規模宅地等の特例の対象となり得る宅地等を取得した人のうち、その特例の適用を受　
記載し、相続税の課税価格に算入する価額を計算します。
「小規模宅地等の種類」欄は、選択した小規模宅地等の種類に応じて次の1〜4の番
小規模宅地等の種類：1 特定居住用宅地等、2 特定事業用宅地等、3 特定同族会

	小規模宅地等の種類	① 特例の適用を受ける取得者の氏名〔事業内容〕	⑤ のうち小規
	1〜4の番号を記入	② 所在地番	⑥ ④のう小規
		③ 取得者の持分に応ずる宅地等の面積	⑦ 課税価格の計
		④ 取得者の持分に応ずる宅地等の価額	⑧ 課税価格に算入する価額（④－⑦）

選択した小規模宅地等	1	① 長男	⑤ 150. ㎡
		②	⑥ 150000000 円
		③ 150. ㎡	⑦ 120000000 円
		④ 150000000 円	⑧ 30000000 円
	4	① 二男　〔賃貸アパート〕	⑤ 109.09090909 ㎡
		②	⑥ 90909091 円
		③ 150. ㎡	⑦ 45454545 円
		④ 125000000 円	⑧ 79545455 円
		①	⑤ ㎡
		②	⑥ 円
		③ . ㎡	⑦ 円
		④ 円	⑧ 円

（注）1　①欄の〔　〕は、選択した小規模宅地等が被相続人等の事業用宅地等（2、3 又は4）である場合に、相続開始の直前にその宅地等の上で行われていた被相続人等の事業について、例えば、飲食サービス業、法律事務所、貸家などのように具体的に記入します。
2　小規模宅地等を選択する一の宅地等が共有である場合又は一の宅地等が貸家建付地である場合において、その評価額の計算上「賃貸割合」が1でないときには、第11・11の2表の付表1（別表1）を作成します。
3　小規模宅地等を選択する宅地等が、配偶者居住権に基づく敷地利用権又は配偶者居住権の目的となっている建物の敷地の用に供される宅地等である場合には、第11・11の2表の付表1（別表1の2）を作成します。
4　⑧欄の金額を第11表の「財産の明細」の「価額」欄に転記します。

○ **「限度面積要件」の判定**
上記「2 小規模宅地等の明細」の⑤欄で選択した宅地等の全てが限度面積要件を満たすものであることを、この表の各欄を記入することにより判定します。

小規模宅地等の区分	被相続人等の居住用宅地等	被相続人等の事業用宅地等		
小規模宅地等の種類	1 特定居住用宅地等	2 特定事業用宅地等	3 特定同族会社事業用宅地等	4 貸付事業用宅地等
⑨ 減額割合	80/100	80/100	80/100	50/100
⑩ ⑤の小規模宅地等の面積の合計	150 ㎡	㎡	㎡	109.09090909 ㎡
⑪ 小規模宅地等のうちに4貸付事業用宅地等がない場合 イ	〔1の⑩の面積〕 ≦330㎡	〔2の⑩及び3の⑩の面積の合計〕 ㎡ ≦ 400㎡		
⑪ 小規模宅地等のうちに4貸付事業用宅地等がある場合 ロ	〔1の⑩の面積〕 150 ㎡×200/330 ＋	〔2の⑩及び3の⑩の面積の合計〕 ㎡×200/400 ＋		〔4の⑩の面積〕 109.09090909 ㎡ ≦ 200㎡

（注）限度面積は、小規模宅地等の種類（「4 貸付事業用宅地等」の選択の有無）に応じて、⑪欄（イ又はロ）により判定を行います。「限度面積要件」を満たす場合に限り、この特例の適用を受けることができます。

※ 税務署整理欄	年分	名簿番号	申告年月日	一連番号	グループ番号	補完

第11・11の2表の付表1（令3.7）
（資4−20−12−3−1−A4統一）

この申告書は機械で読み取りますので、黒ボールペンで記入してください。

令和2年4月分以降用

※の項目は記入する必要がありません。

小規模宅地等についての課税価格の計算明細書

`F D 3 5 4 9`

被相続人

この表は、小規模宅地等の特例（租税特別措置法第69条の4第1項）の適用を受ける場合に記入します。

なお、被相続人から、相続、遺贈又は相続時精算課税に係る贈与により取得した財産のうちに、「特定計画山林の特例」の対象となり得る財産又は「個人の事業用資産についての相続税の納税猶予及び免除」の対象となり得る宅地等その他一定の財産がある場合には、第11・11の2表の付表2を、「特定事業用資産の特例」の対象となり得る財産がある場合には、第11・11の2表の付表2の2を作成します（第11・11の2表の付表2又は付表2の2を作成する場合には、この表の「1 特例の適用にあたっての同意」欄の記入を要しません。）。

（注）この表の1又は2の各欄に記入しきれない場合には、第11・11の2表の付表1（続）を使用します。

1 特例の適用にあたっての同意

この欄は、小規模宅地等の特例の対象となり得る宅地等を取得した全ての人が次の内容に同意する場合に、その宅地等を取得した全ての人の氏名を記入します。

私（私たち）は、「2 小規模宅地等の明細」欄の①欄の取得者が、小規模宅地等の特例の適用を受けるものとして選択した宅地等又はその一部（「2 小規模宅地等の明細」の⑤欄で選択した宅地等）の全てが限度面積要件を満たすものであることを確認の上、その取得者が小規模宅地等の特例の適用を受けることに同意します。

氏名	長男	二男

（注）小規模宅地等の特例の対象となり得る宅地等を取得した全ての人の同意がなければ、この特例の適用を受けることはできません。

2 小規模宅地等の明細

この欄は、小規模宅地等の特例の対象となり得る宅地等を取得した人のうち、その特例の適用を受ける人が選択した小規模宅地等の明細等を記載し、相続税の課税価格に算入する価額を計算します。

「小規模宅地等の種類」欄は、選択した小規模宅地等の種類に応じて次の1〜4の番号を記入します。

小規模宅地等の種類: 1 特定居住用宅地等、2 特定事業用宅地等、3 特定同族会社事業用宅地等、4 貸付事業用宅地等

> 二男の⑤「小規模宅地等の面積」は限度面積の18.181818…㎡までしか受けられません。

小規模宅地等の種類 1〜4の番号を記入		① 特例の適用を受ける取得者の氏名	〔 事業内容 〕	⑤ 小規模宅地等（「限度面積要件」を満たす宅地等）の面積	
		② 所在地番		⑥ ⑤のうち小規模宅地等（④×⑤／③）の価額	
		③ 取得者の持分に応ずる宅地等の面積		⑦ 課税価格の計算に当たって減額される金額（⑥×⑨）	
		④ 取得者の持分に応ずる宅地等の価額		⑧ 課税価格に算入する価額（④−⑦）	
1	①	長男	〔 〕	⑤ 3 0 0 .	㎡
	②			⑥ 3 0 0 0 0 0 0 0	円
	③	3 0 0 .	㎡	⑦ 2 4 0 0 0 0 0 0	円
	④	3 0 0 0 0 0 0 0	円	⑧ 6 0 0 0 0 0 0	円
4	①	二男	〔 賃貸アパート 〕	⑤ 1 8 . 1 8 1 8 1 8	㎡
	②			⑥ 1 5 1 5 1 5 1 5	円
	③	3 0 0 .	㎡	⑦ 7 5 7 5 7 5 7	円
	④	2 5 0 0 0 0 0 0	円	⑧ 2 4 2 4 2 4 2 4 3	円
	①		〔 〕	⑤	㎡
	②			⑥	円
	③		㎡	⑦	円
	④		円	⑧	円

（注）1 ①欄の「〔 〕」は、選択した小規模宅地等が被相続人等の事業用宅地等（2、3又は4）である場合に、相続開始の直前にその宅地等の上で行われていた被相続人等の事業について、例えば、飲食サービス業、法律事務所、貸家などのように具体的に記入します。

2 小規模宅地等を選択する一の宅地等が共有である場合又は一の宅地等が貸家建付地である場合において、その評価額の計算上「賃貸割合」が1でないときには、第11・11の2表の付表1（別表1）を作成します。

3 小規模宅地等を選択する宅地等が、配偶者居住権に基づく敷地利用権又は配偶者居住権の目的となっている建物の敷地の用に供される宅地等である場合には、第11・11の2表の付表1（別表1の2）を作成します。〔⑤欄〕に転記します。

> 限度面積の調整計算

○ 限度面積要件の判定

上記「2 小規模宅地等の明細」の⑤欄で選択した宅地等の全てが限度面積要件を満たすものであることを、この表の各欄を記入することにより判定します。

小規模宅地等の区分	被相続人等の居住用宅地等	被相続人等の事業用宅地等		
小規模宅地等の種類	1 特定居住用宅地等	2 特定事業用宅地等	3 特定同族会社事業用宅地等	4 貸付事業用宅地等
⑨ 減額割合	$\frac{80}{100}$	$\frac{80}{100}$	$\frac{80}{100}$	$\frac{50}{100}$
⑩ ⑤の小規模宅地等の面積の合計	300 ㎡	㎡	㎡	18.18181818 ㎡
⑪ 限度面積 イ 小規模宅地等のうちに4貸付事業用宅地等がない場合	〔1の⑩の面積〕 ≦330㎡	〔2の⑩及び3の⑩の面積の合計〕 ㎡ ≦ 400㎡		
⑪ 限度面積 ロ 小規模宅地等のうちに4貸付事業用宅地等がある場合	〔1の⑩の面積〕 300 ㎡×$\frac{200}{330}$ +	〔2の⑩及び3の⑩の面積の合計〕 ㎡×$\frac{200}{400}$ +		〔4の⑩の面積〕 18.18181818 ㎡ ≦ 200㎡

（注）限度面積は、小規模宅地等の種類（「4 貸付事業用宅地等」の選択の有無）に応じて、⑪欄（イ又はロ）により判定を行います。「限度面積要件」を満たす場合に限り、この特例の適用を受けることができます。

※ この項目は記入する必要がありません。

※ 税務署整理欄	年分		名簿番号		申告年月日		一連番号		グループ番号		補完	

第11・11の2表の付表1（令3.7） （資4−20−12−3−1−A4統一）

第11表〈ケース①〉

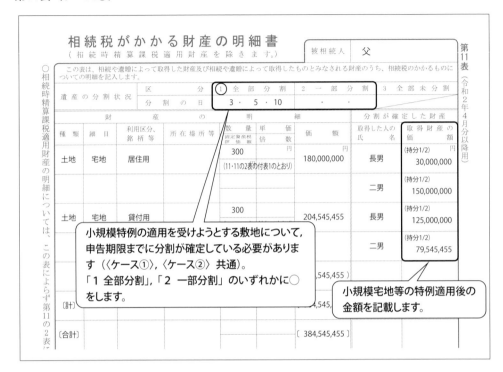

第11表〈ケース②〉

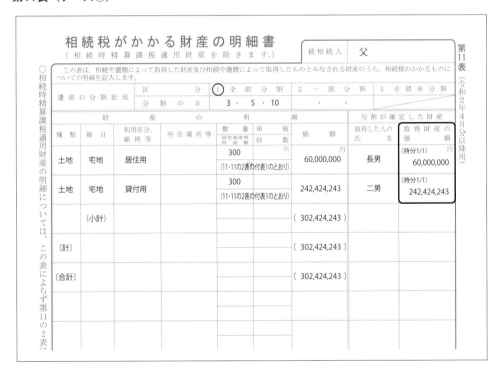

小規模宅地等についての課税価格の計算明細書（別表１）

被 相 続 人	父

この計算明細書は、特例の対象として小規模宅地等を選択する一の宅地等（注１）が、次のいずれかに該当する場合に一の宅地等ごとに作成します（注２）。
1　相続又は遺贈により一の宅地等を２人以上の相続人又は受遺者が取得している場合
2　一の宅地等の全部又は一部が、貸家建付地である場合において、貸家建付地の評価額の計算上「賃貸割合」が「１」でない場合
（注）1　一の宅地等とは、一棟の建物又は構築物の敷地をいいます。ただし、マンションなどの区分所有建物の場合には、区分所有された建物の部分に係る敷地をいいます。
　　　2　一の宅地等が、配偶者居住権に基づく敷地利用権又は配偶者居住権の目的となっている建物の敷地の用の供される宅地等である場合には、この計算明細書によらず、第11・11の２表の付表１（別表１の２）を使用してください。

1　一の宅地等の所在地、面積及び評価額

一の宅地等について、宅地等の「所在地」、「面積」及び相続開始の直前における宅地等の利用区分に応じて「面積」及び「評価額」を記入します。
(1)　「①宅地等の面積」欄は、一の宅地等が持分である場合には、持分に応ずる面積を記入してください。
(2)　上記2に該当する場合には、⑪欄については、⑫欄の面積を基に自用地として評価した金額を記入してください。

宅地等の所在地		①宅地等の面積	600.0000 ㎡
	相続開始の直前における宅地等の利用区分	面積（㎡）	評価額（円）
A	①のうち被相続人等の事業の用に供されていた宅地等（B、C及びDに該当するものを除きます。）	②	⑧
B	①のうち特定同族会社の事業（貸付事業を除きます。）の用に供されていた宅地等	③	⑨
C	①のうち被相続人等の貸付事業の用に供されていた宅地等（相続開始の時において継続的に貸付事業の用に供されていると認められる部分の敷地）	④ 300.0000	⑩ 250,000,000
D	①のうち被相続人等の貸付事業の用に供されていた宅地等（Cに該当する部分以外の部分の敷地）	⑤	⑪
E	①のうち被相続人等の居住の用に供されていた宅地等	⑥ 300.0000	⑫ 300,000,000
F	①のうちAからEの宅地等に該当しない宅地等	⑦	⑬

2　一の宅地等の取得者ごとの面積及び評価額

上記のAからFまでの宅地等の「面積」及び「評価額」を、宅地等の取得者ごとに記入します。
(1)　「持分割合」欄は、宅地等の取得者が相続又は遺贈により取得した持分割合を記入します。一の宅地等…ます。
(2)　「1　持分に応じた宅地等」は、上記のAからFまでに記入した一の宅地等の「面積」及び「評価額」を…及び「評価額」を記入します。

> 各相続人が取得した宅地の面積と価額

> 特例の適用を受ける宅地の面積と価額

> 特例の適用の対象とならない宅地の面積と価額（長男の貸付用部分と二男の居住用部分をこちらに記載します）。

(4)　「3　特例の対象…ならない宅地等（1-2）」には、「1　持分に応じた…宅地等」のうち「2　左記の宅地等のうち選択特例…宅地等」欄に記入した以外の宅地等について記入します。この欄に記入した「面積」及び「評価額」は、申告書第11表に転記します。

宅地等の取得者氏名	長男		⑭持分割合	1／2		
	1　持分に応じた宅地等		2　左記の宅地等のうち選択特例対象宅地等		3　特例の対象とならない宅地等（1-2）	
	面積（㎡）	評価額（円）	面積（㎡）	評価額（円）	面積（㎡）	評価額（円）
A	②×⑭	⑧×⑭				
B	③×⑭	⑨×⑭				
C	④×⑭ 150.000000	⑩×⑭ 125,000,000			150.000000	125,000,000
D	⑤×⑭	⑪×⑭				
E	⑥×⑭ 150.000000	⑫×⑭ 150,000,000	150.000000	150,000,000		
F	⑦×⑭	⑬×⑭				

宅地等の取得者氏名	二男		⑮持分割合	1／2		
	1　持分に応じた宅地等		2　左記の宅地等のうち選択特例対象宅地等		3　特例の対象とならない宅地等（1-2）	
	面積（㎡）	評価額（円）	面積（㎡）	評価額（円）	面積（㎡）	評価額（円）
A	②×⑮	⑧×⑮				
B	③×⑮	⑨×⑮				
C	④×⑮ 150.000000	⑩×⑮ 125,000,000	150.000000	125,000,000		
D	⑤×⑮	⑪×⑮				
E	⑥×⑮ 150.000000	⑫×⑮ 150,000,000			150.000000	150,000,000
F	⑦×⑮	⑬×⑮				

第11・11の２表の付表１（別表１）（令3.7）　　　　　　　　　　　　　（資4-20-12-3-5-A4統一）

5 ま と め

　小規模宅地等の特例は，課税価格に算入する金額を最大80％減額できる非常に大きなインパクトがあります。〈ケース①〉では，長男の貸付用部分と二男の居住用部分についてそれぞれ小規模宅地等の特例が適用できませんでした。1㎡単価が高い居住用について小規模宅地等の特例を目一杯使うことができなかったということです。その点〈ケース②〉では，分筆相続をして長男，二男ともに小規模宅地等の特例の適用が可能となり，居住用について最大限特例を適用できたので，課税価格を大きく引き下げることができました。

	〈ケース①〉	〈ケース②〉	差額
課税価格の合計	384,545,000円	302,424,000円	82,121,000円

<table>
<tr><td rowspan="3">ケース21</td><td rowspan="3">小規模宅地等の特例の適用を
受ける場合（複数の対象地）</td><td>関連する申告書等</td></tr>
<tr><td>第11・11の
2表の付表1</td></tr>
</table>

【相談内容】

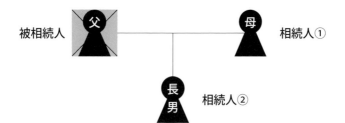

被相続人　父　　　　　　　　　　　母　相続人①

長男　相続人②

〈相続財産（金額は全て相続税評価額）〉

・自宅　1億円

・賃貸アパート　2億円

・その他財産　1億円

〈不動産詳細〉

・自宅　100㎡（父，母，長男が従前より同居）

・賃貸アパート　150㎡（相続開始前3年以上10室が継続して満室状態）

※ 配偶者居住権の設定は行わない。

〈相続人の要望〉

　将来的には私（長男）が全てを引き継いでいくことになりますが，父の相続（一次相続）では母が自宅不動産とその他財産を母が取得し，賃貸アパートは私（長男）が取得する予定です。この場合の小規模宅地等の減額特例について，より有利に適用を受けられるように申告をしてもらいたいと思っています。

1　税理士のアドバイス

　宅地の種類によって，限度面積や減額割合が異なることから，特例対象宅地（小規模宅地等の特例の適用要件を満たす宅地）が複数ある場合には，最も有利になるような選択をしなければなりません。また，配偶者と子が両方ともに小規模宅地等

の特例の要件を満たす場合には，子が優先的に小規模宅地等の特例の適用をした方が最終的な相続税が少なくなります。

2 ポイント解説

小規模宅地等の特例は，その種類に応じて下記の限度面積と減額割合が定められています。

種類	限度面積㎡	減額割合
特定居住用	330	80%
特定事業用 （特定同族会社事業用）	400	80%
貸付事業用	200	50%

また，上記のうち2以上の種類が存在する場合には，下記の限度面積ルールにより限度面積を計算します。

(1) 貸付事業用がない場合

相続により取得する特定居住用宅地と特定事業用宅地について，それぞれの宅地の種類に応じて，限度面積以下であるかどうかで判断します。

> ①「特定居住用」≦ 330㎡
> ②「特定事業用」≦ 400㎡

すなわち，①と②をあわせて合計730㎡まで減額適用が認められているということです。特定居住用と特定事業用とでは完全併用が認められているということになります。

(2) 貸付事業用がある場合

相続により取得する貸付事業用宅地がある場合には，上記のように完全併用はできません。下記按分計算により限度面積を求めなければなりません。

> ①特定居住用×200/330＋②特定事業用×200/400＋③貸付事業用 ≦ 200㎡

以上のように，その宅地の種類によって，限度面積や減額割合が異なることから，特例対象宅地（小規模宅地等の特例の適用要件を満たす宅地）が複数ある場合には，最も有利になるように選択適用する必要があります。

本事例に当てはめると，下記のように限度面積が検討されます。

> ①特定居住用100㎡×200/330＋③貸付事業用150㎡＝210.6060...m＞200㎡

　賃貸アパートが貸付事業用に該当するため，特定居住用である自宅と貸付事業用である賃貸アパートの面積による計算を行った結果，限度面積を超える結果となりました。この場合には，より減額効果が高い方の宅地から特例を適用していく必要があります。

③ 課税価格比較

　まずは，各種類の限度面積と減額割合を横並びにして比較を行います。この際には，下記の通り１㎡当たりの減額効果を各宅地の相続税評価額に乗じて比較することとなります。

> ① 特定居住用330×80%＝2.64
> ② 特定事業用400×80%＝3.2
> ③ 貸付事業用200×50%＝1.0

　本事例に当てはめると，下記のように１㎡当たりの減額効果が比較されます。

> ① 特定居住用2.64×100㎡＝264 ＞ ③ 貸付事業用1.0×150㎡＝150
> ∴ 特定居住用から特例適用を行った方が有利

　結果として，特定居住用から小規模宅地等の減額特例を適用し，残った限度面積を貸付事業用に適用した方が，減額効果が高くなります。

> ① 特定居住用　１億円×80%＝8,000万円（100/330㎡×200㎡＝60.60..㎡）
> ③ 貸付事業用　２億円×139.3939...※/150㎡×50%＝9,292万9,292円
> 　　※限度面積200－60.60...㎡＝139.3939...㎡
> ⇒ 合計　１億7,300万円

　検証として，仮に③貸付事業用から適用した場合には，下記の通りとなり，減額効果が低くなります。

```
③  貸付事業用   2億円×50％＝１億円（150㎡）
①  特定居住用   １億円×82.5※/100㎡×80％＝6,600万円
         ※限度面積（200−150）/200×330㎡＝82.5㎡
⇒  合計   １億6,600万円
```

4 税 額 比 較

　上記**3**の課税価格の比較によった場合には，特定居住用から特例適用をした方が，減額効果が高く有利となる結果となりました。

　しかし，相続人の関係性や遺産分割の方針によっては，税額控除や税額加算の適用可能性があるため，単純に課税価格のみの比較では有利不利を確定できません。

(1) 配偶者の税額軽減との関係

　配偶者と子の両方がともに小規模宅地等の特例の要件を満たす場合には，子が優先的に小規模宅地等の特例の適用をした方が最終的な相続税が少なくなります。その理由としては，配偶者の税額軽減の適用がされるためです。

　具体的に本件事例に当てはめて検証してみます。

① 〈ケース１〉母が小規模宅地等の特例の適用を受ける場合

（単位：千円）

		母	二男
不動産	300,000	100,000	200,000
その他財産	100,000	100,000	―
財産合計	400,000	200,000	200,000
小規模宅地等の特例	△ 173,000	△ 80,000	△ 93,000
課税財産合計	227,000	120,000	107,000
算出相続税額	41,500	21,938	19,562
配偶者の税額軽減	△ 21,938	△ 21,938	―
納付相続税額	19,562	0	19,562

② 〈ケース２〉子が小規模宅地等の特例の適用を受ける場合

(単位：千円)

		母	二男
不動産	300,000	100,000	200,000
その他財産	100,000	100,000	―
財産合計	400,000	200,000	200,000
小規模宅地等の特例	△ 166,000	△ 66,000	△ 100,000
課税財産合計	234,000	134,000	100,000
算出相続税額	43,600	24,968	18,632
配偶者の税額軽減	△ 24,968	△ 24,968	―
納付相続税額	18,632	0	18,632

　上述**3**課税比較の通り「小規模宅地等の特例」では，母取得の自宅について特定居住用の適用を優先した方が「財産合計額」は7,000千円低くなりますが，配偶者税額の税額軽減の適用までみたときには，長男取得の賃貸アパートについて貸付事業用の適用を優先した方が最終的な「納付相続税額」が930千円低くなります。

⑵　２割加算との関係

　相続人に２割加算対象者がいる場合には，その２割加算対象者を優先的に適用した方が減額効果が高くなりますので有利となります。

5　相続税申告書等の記載例

　自宅を母，賃貸アパートを長男が取得し，**4**⑴②〈ケース２〉子が小規模宅地等の特例の適用を受ける場合の申告書の記載例を確認していきます。

小規模宅地等についての課税価格の計算明細書

F D 3 5 4 7

| 被相続人 | 父 |

この表は、小規模宅地等の特例（租税特別措置法第69条の4第1項）の適用を受ける場合に記入します。
なお、被相続人から、相続、遺贈又は相続時精算課税に係る贈与により取得した財産のうちに、「特定計画山林の特例」の対象となり得る財産又は「個人の事業用資産についての相続税の納税猶予及び免除」の対象となり得る宅地等がある場合には、第11・11の2表の付表2を、「特定事業用資産の特例」の対象となり得る財産がある場合には、第11・11の2表の付表2の2を作成します（第11・11の2表の付表2又は付表2の2を作成する場合には、この表の「1 特例の適用にあたっての同意」欄の記入を要しません。）。
(注) この表の1又は2の各欄に記入しきれない場合には、第11・11の2表の付表1（続）を使用します。

1 特例の適用にあたっての同意

この欄は、小規模宅地等の特例の対象となり得る宅地等を取得した全ての人が次の内容に同意する場合に、その全ての人の氏名を記入します。

> 適用可能な相続人を漏れなく記載します

私（私たち）は、「2 小規模宅地等の明細」の①欄の取得者が、小規模宅地等の特例の適用を受けるものとして選択した宅地等又はその一部（「2 小規模宅地等の明細」の⑤欄で選択した宅地等）の全てが限度面積要件を満たすものであることを確認の上、その取得者が小規模宅地等の特例の適用を受けることに同意します。

| 氏名 | 母 | 長男 |

(注) 小規模宅地等の特例の対象となり得る宅地等を取得した全ての人の同意がなければ、この特例の適用を受けることはできません。

2 小規模宅地等の明細

この欄は、小規模宅地等の特例の対象となり得る宅地等を取得した人のうち、その特例の適用を受ける人が選択した小規模宅地等の明細等を記載し、相続税の課税価格に算入する価額を計算します。

「小規模宅地等の種類」欄は、選択した小規模宅地等の種類に応じて次の1～4の番号を記入します。
小規模宅地等の種類： 1 特定居住用宅地等、 2 特定事業用宅地等、 3 特定同族会社事業用宅地等、 4 貸付事業用宅地等

小規模宅地等の種類 1～4の番号を記入します。	① 特例の適用を受ける取得者の氏名 〔事業内容〕	⑤ ③のうち小規模宅地等（「限度面積要件」を満たす小規模宅地等）の面積
	② 所在地番	⑥ ④のうち小規模宅地等（⑤）の価額
	③ 取得者の持分に応ずる宅地等の面積	⑦ 課税価格の計算に当たって減額される金額（⑥×⑨）
	④ 取得者の持分に応ずる宅地等の価額	⑧ 課税価格に算入する価額（④－⑦）

> 対象地の面積
> 実際に適用の面積

1	① 母 〔　〕	⑤ 8 2 . 5 ㎡
	②	⑥ 8 2 5 0 0 0 0 0 円
	③ 1 0 0 . ㎡	⑦ 6 6 0 0 0 0 0 円
	④ 1 0 0 0 0 0 0 0 0 円	⑧ 3 4 0 0 0 0 0 円
4	① 長男 〔　〕	⑤ 1 5 0 . ㎡
	②	⑥ 2 0 0 0 0 0 0 0 0 円
	③ 1 5 0 . ㎡	⑦ 1 0 0 0 0 0 0 0 円
	④ 2 0 0 0 0 0 0 0 0 円	⑧ 1 0 0 0 0 0 0 0 円
	① 〔　〕	⑤ . ㎡
	②	⑥ 円
	③ . ㎡	⑦ 円
	④ 円	⑧ 円

(注)1 ①欄の「〔　〕」は、選択した小規模宅地等が被相続人等の事業用宅地等（2、3又は4）である場合に、相続開始の直前にその宅地等の上で行われていた被相続人等の事業について、例えば、飲食サービス業、法律事務所、貸家などのように具体的に記入します。
　2 小規模宅地等を選択する一の宅地等が共有である場合又は一の宅地等が貸家建付地である場合において、その評価額の計算上「賃貸割合」が1でないときには、第11・11の2表の付表1（別表1）を作成します。
　3 ⑧欄の金額を第11表の「財産の明細」の「価額」欄に転記します。

○ 「限度面積要件」の判定

上記「2 小規模宅地等の明細」の⑤欄で選択した宅地等の全てが限度面積要件を満たすものであることを、この表の各欄を記入することにより判定します。

小規模宅地等の区分	被相続人等の居住用宅地等	被相続人等の事業用宅地等		
小規模宅地等の種類	1 特定居住用宅地等	2 特定事業用宅地等	3 特定同族会社事業用宅地等	4 貸付事業用宅地等
⑨ 減額割合	80/100	80/100	80/100	50/100
⑩ ⑤の小規模宅地等の面積の合計	82.5 ㎡	㎡	㎡	150 ㎡
⑪ 限度面積 イ 小規模宅地等のうちに4貸付事業用宅地等がない場合	[1]の⑩の面積 ≦330㎡	[2]の⑩及び[3]の⑩の面積の合計 ㎡ ≦ 400㎡		
⑪ 限度面積 ロ 小規模宅地等のうちに4貸付事業用宅地等がある場合	[1]の⑩の面積 82.5 ㎡×200/330	+ [2]の⑩及び[3]の⑩の面積の合計 ㎡×200/400	+	[4]の⑩の面積 150 ㎡ ≦ 200㎡

(注) 限度面積は、小規模宅地等の種類（「4 貸付事業用宅地等」の選択の有無）に応じて、⑪欄（イ又はロ）により判定を行います。「限度面積要件」を満たす場合に限り、この特例の適用を受けることができます。

| ※ 税務署整理欄 | 年分 | 名簿番号 | 申告年月日 | 一連番号 | グループ番号 | 補完 |

第11・11の2表の付表1（令元.7） 　　　　　　　　　　　　　　　　　　（資4-20-12-3-1-A4統一）

第11・11の2表の付表1（平成31年1月分以降用）

○この申告書は機械で読み取りますので、黒ボールペンで記入してください。

※この項目は記入する必要がありません。

198

6 ま と め

　相続税の節税のためには，小規模宅地等の特例を最大限活用することが重要です。上記以外にも，一次相続において最有利な選択ができたとしても二次相続も考えるとその選択が全体として最適であったとはいえないケースなども想定できますので，単に㎡単価だけで決めるのではなく，適用対象者が複数人いる場合には様々な背景を加味して選択特例対象宅地等を決定する必要があります。

<table>
<tr><td rowspan="2">ケース 22</td><td rowspan="2">事業承継税制の適用を
受ける場合</td><td>関連する申告書等</td></tr>
<tr><td>第8の2の2表
第8の2の2表
の付表1</td></tr>
</table>

【相談内容】

被相続人
（75歳）
相続開始日　令和4年1月10日

相続人①
（45歳）

相続人②
（38歳）

〈相続財産〉

・預金　　　　300,000千円
・非上場株式　200,000千円

〈状況〉

・長男は父の経営する建設会社に15年前より勤務しており，7年前より同法人の役員となっている。
・次男は経営に一切関わっておらず，今後とも経営に参加する意思はない。

〈遺言書〉

・株式は後継者である長男が全て取得することとする。
・その他の財産については長男と二男で2分の1ずつ取得することとする。

〈その他〉

長男・二男は，遺言通りに相続することについて異論はない。

1 税理士としてのアドバイス

　事業承継税制の適用については，要件が詳細に規定されているため，相続発生時において何の事前準備もされていない場合には，適用の可否について慎重に検討する必要があります。

現在，法人版事業承継税制には，原則としての「一般措置」と，令和9年までの時限立法としての「特例措置」の2つの制度が設けられています。

特例措置については，事前の計画策定等や適用期限が設けられていますが，納税猶予の対象となる非上場株式等の制限（総株式数の最大3分の2まで）の撤廃，納税猶予割合の引上げ（80％から100％），雇用確保8割維持要件の緩和（事実上の撤廃）がなされているため，一般措置よりも納税者にとっては有利な規定となっています。

参考までに，次表において一般措置と特例措置についてまとめます。

【一般措置と特例措置の比較】

	一般措置	特例措置
事前の計画策定等	不要	5年以内の特例承継計画の提出（平成30年4月1日から令和6年3月31日まで）
適用期限	なし	平成30年1月1日から令和9年12月31日
対象株数	総株式数の最大3分の2まで	全株式
納税猶予割合	贈与：100％　相続80％	100％
承継パターン	複数の株主から1人の後継者	複数の株主から最大3人の後継者
雇用確保要件	承継後5年間平均8割の雇用維持が必要	「雇用確保要件を満たせない理由を記載した書類」の提出による弾力化
事業の継続が困難な事由が生じた場合の納税猶予額の免除	なし	あり（再計算による当初納税猶予税額との差額）
相続時精算課税の適用	60歳以上の者から20歳以上の推定相続人（直系卑属）・孫への贈与	60歳以上の者から20歳以上の者への贈与

2　事業承継税制（特例措置）を受けるための認定要件

⑴　会 社 要 件

- ・　中小企業に該当すること
- ・　非上場企業であること
- ・　常時使用従業員の数が1人以上であること
- ・　資産管理会社，風俗営業会社，医療法人に該当しないこと
- ・　総収入額がゼロでないこと

(2) 先代経営者要件

・ 会社の代表権を有していたこと（相続開始時に限らず過去の一時期でも可）
・ 相続開始直前に被相続人と同族関係者で総議決権の50％超の議決権を保有していたこと
・ 被相続人が保有する議決権数が後継者を除いた同族株主の中で最も多いこと

(3) 後継者要件

・ 相続開始の日の翌日から5か月を経過する日において会社の代表権を有していること
・ 相続開始の直前において会社の役員であること（被相続人が60歳未満で死亡した場合を除く）
・ 相続時において，後継者と同族関係者が50％超の議決権を保有していること
・ 後継者が保有する議決権数が，同族関係者の中で最も多いこと（後継者が2人又は3人の場合は他の要件有り）

　本事案においては，事業承継税制（特例措置）の上記認定要件及び以下の主な手続き要件，その他の条件を満たしているものとして申告を行います。

〈適用要件（特例措置）〉

① 特例承認計画を策定し都道府県知事に提出しその確認を受けること（相続開始後でも②の認定申請時までは提出可能です）
② 都道府県知事から円滑化法の認定を受けること（相続開始後8か月以内の申請）
③ 相続税の申告期限までに，この制度の適用を受ける旨を記載した相続税の申告書及び一定の書類を税務署に提出すること
④ 納税が猶予される相続税額及び利子税額に見合う担保を提供すること（この制度の適用を受ける非上場株式等の全てを担保とした場合には，納税が猶予される相続税額及び利子税額に見合う担保の提供があったものと認められます）

---

3 相続税申告書等の記載例

　相続税申告書の記載方法を確認していきます。本事案で相続税申告上使用する表は，第8の2の2表及び第8の2の2表付表1となります。

非上場株式等についての相続税の納税猶予及び免除の特例の適用を受ける特例対象非上場株式等の明細書

被相続人	父
特例経営承継相続人等	長男

この明細書は、非上場株式等についての相続税〔**特例措置適用の要件**〕ける特例対象非上場株式等について、その明細を記入〔 〕面にご注意ください。

1 特例対象非上場株式等に係る会社

① 会社名	株式会社甲	⑧ 特例承継計画の提出及び確認の状況	提出年月日 令和4年5月1日
② 会社の整理番号（会社の所轄税務署名）	（　　署）		確認年月日 令和4年5月20日
③ 事業種目	建設業		確認番号
④ 相続開始の時における資本金の額	10,000,000 円	⑨ 円滑化法の認定の状況	認定年月日 令和4年7月10日
⑤ 相続開始の時における資本準備金の額	0 円		認定番号
⑥ 相続開始の時における従業員数	60 人	⑩ 会社又はその会社の特別関係会社であってその会社との間に支配関係がある法人が保有する外国会社等の株式等の有無	有　　（無）
⑦ 相続開始の日から5か月後における特例経営承継相続人等の役職名	代表取締役		

2 特例対象非上場株式等の明細

① 相続開始の時における発行済株式等の総数等	② 被相続人から相続又は遺贈により取得した株式等の数等	③ ②のうち、特例の適用を受ける株式等の数等	④ 1株（口・円）当たりの価額（裏面の2(2)参照）	⑤ 価　額（ ③ × ④ ）
株・口・円	株・口・円	株・口・円	円	円
20,000	20,000	20,000	10,000	A 200,000,000

3 最初の非上場株式等についての贈与税の納税猶予及び免除の特例等の適用に関する事項

　この欄は、特例経営承継相続人等が、その相続開始前に贈与又は相続等により取得した上記1の特例対象非上場株式等に係る会社の非上場株式等について、「非上場株式等についての贈与税の納税猶予及び免除の特例（租税特別措置法第70条の7の5）」又は「非上場株式等についての相続税の納税猶予及び免除の特例（同法第70条の7の6）」の規定の適用を受けている場合又は受けようとしている場合において、最初のその贈与又は相続等によるその会社の非上場株式等の取得に関する事項等について記入します。

① 取得の原因	② 取得年月日	③ 申告した税務署名	④ 贈与者又は被相続人の氏名
贈与・相続等	年　月　日	署	

4 会社が現物出資又は贈与により取得した資産の明細書

　この明細書は、租税特別措置法施行規則第23条の12の3第16項第9号の規定に基づき、会社が相続開始前3年以内に特例経営承継相続人等及び特例経営承継相続人等と特別の関係がある者（裏面の「4(1)」参照）から現物出資又は贈与により取得した資産の価額（裏面の「4(2)」参照）等について記入します。なお、この明細書によらず会社が別途作成しその内容を証明した書類を添付しても差し支えありません。

取得年月日	種類	細目	利用区分	所在場所等	数量	① 価　額	出資者・贈与者の氏名・名称
．　．						円	
．　．							
．　．							
．　．							

② 現物出資又は贈与により取得した資産の価額の合計額（①の合計額）		
③ 会社の全ての資産の価額の合計額（②の金額を含みます。）		
④ 現物出資等資産の保有割合（ ②／③ ）	%	

上記の明細の内容に相違ありません。　　　　　　　　　　　　　令和　　年　　月　　日

所　在　地 _____

会　社　名 _____

代表者氏名 _____　㊞

※ の項目は記入する必要がありません。

特 例 株 式 等 納 税 猶 予 税 額 の 計 算 書

被 相 続 人	父
特例経営承継人 (特例経営承継相続人等・ 特例経営相続承継受贈者)	長男

この計算書は、特例経営承継相続人等又は特例経営相続承継受贈者に該当する人が非上場株式等についての相続税の納税猶予及び免除の特例に係る納税猶予税額（特例株式等納税猶予税額）を算出するために使用します。

(注) 特例経営承継相続人等及び特例経営相続承継受贈者に該当する人を、以下この計算書（第8の2の2表）において「特例経営承継人」と表記しています。

私は、第8の2の2表の付表1の「2 特例対象非上場株式等の明細」又は第8の2の2表の付表2の「2 特例対象相続非上場株式等の明細」に記載した会社の株式（出資）のうち各明細の⑤欄の株式等の数等について非上場株式等についての納税猶予及び免除の特例（租税特別措置法第70条の7の6第1項、同法第70条の7の8第1項）の適用を受けます。

1 特例株式等納税猶予税額の基となる相続税の総額の計算

(1) 「特定価額に基づく課税遺産総額」等の計算

長男の取得した特例株式等とその他の財産の合計価額

① 特例経営承継人の第8の2の2表の付表1・付表2のA欄の合計額	200,000,000 円
② 特例経営承継人に係る債務及び葬式費用の金額（第1表のその人の③欄の金額）	
③ 特例経営承継人が相続又は遺贈により取得した財産の価額（その特例経営承継人の第1表の（①＋②）〔又は第3表の①欄〕の金額）	350,000,000
④ 控除未済債務額（③＋②－③）の金額（赤字の場合は0）	0
⑤ 特定価額（①－④）（1,000円未満切捨て）（赤字の場合は0）	200,000,000
⑥ 特例経営承継人以外の相続人等の課税価格の合計額（その特例経営承継人以外の者の合計）	150,000,000
⑦ 基礎控除額（第2表の⑤欄の金額）	42,000,000
⑧ 特定価額に基づく課税遺産総額	308,000,000

二男の財産価額 → 150,000,000

長男の特例株式等価額と二男の財産価額の合計 → 308,000,000

(2) 「特定価額に基づく相続税の総額」等の計算

⑨ 法定相続人の氏名	⑩ 法定相続分	特定価額に基づく相続税の総額の計算	
		法定相続分に応ずる取得金額（⑧×⑩）	相続税の総額の基礎となる税額（第2表の「速算表」で計算します。）
長男	1／2	154,000,000 円	44,600,000 円
二男	1／2	154,000,000	44,600,000

長男が特例株式等のみを取得した場合の相続税総額の計算

法定相続分の合計	1	⑪相続税の総額（⑪の合計額）	89,200,000

(注) 1 ③欄の「第1表の（①＋②）」の金額は、特例経営承継人が租税特別措置法第70条の6第1項の規定による農地等についての納税猶予及び免除等の適用を受ける場合は、「第3表の①」の金額となります。また、⑥欄の「第1表の⑥欄」の金額は、相続又は遺贈により財産を取得した人のうちに租税特別措置法第70条の6第1項の規定による農地等についての納税猶予及び免除等の適用を受ける人がいる場合は、「第3表の⑥」の金額となります。
　　　2 ⑨及び⑩欄は第2表により記入します。

2 特例株式等納税猶予税額の計算

長男が特例株式等のみを取得した場合の長男が負担すべき相続税額

① （特例経営承継人の第1表の（⑨＋⑩－⑫）の金額）	円
② 特定価額に基づく特例経営承継人の算出税額（1の⑪×1の⑤／1の（⑤＋⑥））	50,971,428
③ 特定価額に基づく相続税額の2割加算が行われる場合の加算金額（②×20％）	
a （②＋③－特例経営承継人の第1表の⑤）の金額（赤字の場合は0）	50,971,428
b 特例経営承継人の第1表の⑥欄に基づく算出税額（その人の第1表の⑤〔又は⑩〕＋①－⑪）（赤字の場合は0）	106,470,000
④ （①＋a－b）の金額（赤字の場合は0）	0
⑤ （a－④）の金額（赤字の場合は0）	50,971,428
⑥ 特例対象非上場株式等又は特例対象相続非上場株式等に係る会社が2社以上ある場合の会社ごとの特例株式等納税猶予税額（注3参照）	
イ （会社名）　　　　　　　　　に係る特例株式等納税猶予税額（⑤×イの株式に係る価額／1の①）（100円未満切捨て）	
ロ （会社名）　　　　　　　　　に係る特例株式等納税猶予税額（⑤×ロの株式に係る価額／1の①）（100円未満切捨て）	
ハ （会社名）　　　　　　　　　に係る特例株式等納税猶予税額（⑤×ハの株式に係る価額／1の①）（100円未満切捨て）	
⑦ 特例株式等納税猶予税額（⑤の金額（100円未満切捨て）〔又は⑥の金額の合計額〕）（注3参照）	A 50,971,400

(注) 1 b欄の算式中の「第1表の⑤」の金額について、相続又は遺贈により財産を取得した人のうちに租税特別措置法第70条の6第1項の規定による農地等についての納税猶予及び免除等の適用を受ける人がいる場合は、「第3表の⑥」の金額とします。
　　　2 ⑥欄について、特例対象非上場株式等又は特例対象相続非上場株式等に係る会社が1社のみの場合は、⑥欄の記入は行わず、⑤欄の金額を⑦欄のA欄に記入します（100円未満切捨て）。なお、イからハの各欄の算式中の「株式等に係る価額」とは第8の2の2表の付表1の「2 特例対象非上場株式等の明細」の⑤欄のA欄及び第8の2の2表の付表2の「2 特例対象相続非上場株式等の明細」の⑤欄のA欄の金額をいいます。また、会社が4社以上ある場合は、適宜の用紙に会社ごとの特例株式等納税猶予税額を記載し添付してください。
　　　3 ⑦欄のA欄の金額を特例経営承継人の第8の8表の「特例株式等納税猶予税額③」に転記します。なお、特例経営承継人が他の相続税の納税猶予等の適用を受ける場合は、⑦欄のA欄の金額により、第8の7表の⑭欄の金額を特例経営承継人の第8の8表の「特例株式等納税猶予税額③」に転記します。

※税務署整理欄	入力		確認	

第8の2の2表（令元.7）　　　　　　　　　　　　　　　　　　　　　　（資4－20－9－12－A4統一）

※の項目は記入する必要がありません。

204

相 続 税 の 申 告 書

| FD3561 |

＿＿＿＿＿税務署長
＿＿年＿＿月＿＿日 提出

相続開始年月日　4 年　1 月 10 日

※申告期限延長日　　年　　月　　日

○フリガナは、必ず記入してください。

		各 人 の 合 計	財産を取得した人	参考として記載している場合
フ リ ガ ナ		（被相続人）　チチ	チョウナン	参考
氏 名		父	長男	
個人番号又は法人番号			↓個人番号の記載に当たっては、左端を空欄としここから記入してください。	
生 年 月 日		年　月　日（年齢　歳）	年　月　日（年齢　歳）	
住 所			〒	
（ 電 話 番 号 ）			（　　－　　－　　）	
被相続人との続柄　職業			長男	
取 得 原 因		該当する取得原因を○で囲みます。	相続・遺贈・相続時精算課税に係る贈与	
※ 整 理 番 号				

			各人の合計	財産を取得した人
課税価格の計算	取得財産の価額（第11表③）	①	500000000 円	350000000 円
	相続時精算課税適用財産の価額（第11の2表1⑦）	②		
	債務及び葬式費用の金額（第13表3⑦）	③		
	純資産価額（①+②-③）（赤字のときは0）	④	500000000	350000000
	純資産価額に加算される暦年課税分の贈与財産価額（第14表1④）	⑤		
	課税価格（④+⑤）（1,000円未満切捨て）	⑥	500000000 Ⓐ	350000000
各人の算出税額の計算	法定相続人の数　遺産に係る基礎控除額		2 人　42000000 Ⓑ	左の欄には、第2表の②欄の⑩の人数及び⑥の金額を記入します。
	相 続 税 の 総 額	⑦	152100000	左の欄には、第2表の⑧欄の金額を記入します。
	一般の場合（⑩の場合を除く）　あん分割合（各人の⑥/Ⓐ）	⑧	1.00	0.70
	算出税額（⑦×各人の⑧）	⑨	152100000 円	106470000 円
	農地等納税猶予の適用を受ける場合　算出税額（第3表⑧）	⑩		
	相続税額の2割加算が行われる場合の加算金額（第4表1⑦）	⑪	円	円
各人の納付・還付税額の計算	税額控除　暦年課税分の贈与税額控除額（第4表の2⑥）	⑫		
	配偶者の税額軽減額（第5表⑰又は⑱）	⑬		
	未成年者控除額（第6表1②、③又は⑥）	⑭		
	障害者控除額（第6表2②、③又は⑥）	⑮		
	相次相続控除額（第7表⑬又は⑱）	⑯		
	外国税額控除額（第8表1⑧）	⑰		
	計	⑱		
	差引税額（⑨+⑪-⑱）又は（⑩+⑪-⑱）（赤字のときは0）	⑲	152100000	106470000
	相続時精算課税分の贈与税額控除額（第11の2表1⑧）	⑳	00	00
	医療法人持分税額控除額（第8の4表2B）	㉑		
	小 計（⑲-⑳-㉑）（黒字のときは100円未満切捨て）	㉒	152100000	106470000
	納税猶予税額（第8の8表⑧）	㉓	50971400	50971400
	申告納税額　申告期限までに納付すべき税額（㉒-㉓）	㉔	101128600	55498600
	還付される税額（㉒-㉓）	㉕	△	△

特例株式等納税猶予税額

4 相続税申告後の注意点

　相続税の申告後，この制度の適用を受けた非上場株式等を保有すること等により納税の猶予が継続されます。後継者（長男）の死亡やその他やむを得ない事情が生じた場合には，「免除届出書」，「免除申請書」を提出することによって，猶予されている相続税の全部又は一部について納付が免除されます。

　また，納税猶予期間中は「納税猶予の継続届出書」を所轄税務署へ提出する必要があります。特例経営承継期間内（今回の事案では相続税申告期限の翌日以後5年）は毎年，その期間経過後は3年ごととなっています。この届出書の提出がなされなかった場合には，猶予されている相続税の全額と利子税を納付する必要があります。

　また，納税猶予期間中に対象株式の譲渡や減資を行ったり，資産保有型会社になった場合等には納税猶予取消しとなり，取消しから2か月以内に猶予されている相続税及び利子税を支払う必要があります。

　事業承継税制の適用に関しては，相続時の手続きとともに，継続した届出書の提出や納税猶予の適用条件について長期にわたって管理する責任を負うことになります。

5 令和3年度税制改正

　令和3年度税制改正では，事業承継税制についても一部見直しが行われました。

　旧制度では被相続人の相続開始直前に後継者が法人の役員である必要がありました。ただし，先代経営者が60歳未満で死亡した場合には，役員就任要件は免除となっていました。

　改正後は，役員就任要件は維持しつつ，免除される条件であった先代経営者の死亡年齢60歳未満が70歳未満に引き上げられました。さらに，後継者が特例承認計画に特例後継者として記載されている者である場合にも免除が認められることとなりました。

　これによって，先代経営者が70歳以上で亡くなった場合でも特例承認計画に特例後継者として記載していれば，相続時点で役員でなかったとしても相続税の納税猶予制度が受けられることとなりました。

　今後は，今まで以上に特例計画を提出しておくことの重要性が増していくと考えられます。

6 ま と め

　平成30年度税制改正による事業承継税制の適用要件の緩和は，多くの中小企業経営者にとって，事業承継を後押しするものとなっています。

　しかし，東京商工会議所により令和2年1月に公表された「中小企業の経営課題に関するアンケート」結果では，平成30年度税制改正により拡充された特例措置について，「改正・内容ともに知らなかった」との回答が35.2％と3分の1超に上っています。「改正のみ知っている」の40.8％と合わせると，7割以上の企業が内容については知らないという結果となっており，中小企業への周知が十分ではない実態が明らかとなっています。

　今回は，相続開始によって事業承継を行う事案を取り扱いました。事前に最低限の準備を行うことによって，相続時でも事業承継税制の適用を受けることができます。法人環境等により，直ちには贈与による事業承継などの対応ができない状況であっても，突然の相続に備える準備（遺言書の作成，後継者の役員就任，要件を満たす議決権割合の設定など）をしておくことが重要です。

　ただし，納税猶予の継続には多くの義務がありますので，その点については事前に十分な説明が必要です。

　また，特例承継計画の提出は令和6年3月31日までとなっています。現行制度では，期限までに計画の提出をしておかなければ，その後は相続が発生しても特例措置の適用を受けることができません。特例の適用を検討している場合には，スケジュールに十分注意して進めていく必要があります。

<table>
<tr><td></td><td>関連する申告書等
第3表
第12表</td></tr>
</table>

ケース 23　農地の納税猶予がある場合

【相談内容】

被相続人 　　　相続人①
（享年82歳，専業農家）　　　　　　　　　　　（75歳，専業主婦）
相続開始日　令和3年10月10日

　相続人②
（48歳，専業農家）

〈相続財産（金額は相続税評価額）〉

農地A（生産緑地）　　384,681千円
農地B（生産緑地）　　140,352千円
自宅土地　　100,000千円
自宅建物　　　6,000千円
現金預金　　　8,000千円
死亡保険金　20,000千円（受取人母）

〈相続人の要望〉

農業経営は資金繰りが厳しく，相続税を支払う余裕がありません。農地の2分の1を売却した上で納税資金・経営資金としたいと思っています。

1　税理士からのアドバイス

農地を相続する場合には，評価方法はもとより農地をどのように承継していくかによって税務申告以外に時間を要する手続きが必要な場合があります。最初の時点でスケジュールをしっかりと確認し進めていくことが重要です。

2 農地の評価について

⑴ 農地の評価区分（評基通34）

　農地は純農地，中間農地，市街地周辺農地，市街地農地に分類されます。本件農地は生産緑地に指定されていますので，市街地農地に該当します。市街地農地の評価は倍率方式又は宅地比準方式により評価します。

　　・倍率方式…農地の固定資産税評価額に，国税局長の定める倍率を乗じて計算します。

　　・宅地比準方式…農地の付近にある宅地の価額を基に，その宅地と農地の位置，形状等の条件を考慮し，その農地が宅地である場合の価額を求めます。その価額から，農地を宅地に転用するとした場合に通常必要と認められる造成費に相当する金額を控除したものが評価額となります。

⑵ 農地の評価単位（評基通7－2⑵）

　農地の評価は耕作の単位となっている区画ごとに評価することとされています。ただし，生産緑地は利用の単位となっている一団の農地を評価単位とします。

⑶ 本件土地の評価方法

　　・農地Aの概要…地積3,000㎡，東京の特別区に所在，生産緑地に指定，宅地比準方式により評価します。

　本件土地は生産緑地の指定を受けていますので，1利用単位として評価します。また，地積規模の大きな宅地にも該当します。

① 1㎡当たりの評価額

　200千円×0.95（奥行長大補正率）＝190千円

② 1㎡当たりの造成費

　整地費　700円×3,000㎡＝2,100千円　Ⓐ

　土盛費　6,900円×3,000㎡×1m＝20,700千円　Ⓑ

　（Ⓐ＋Ⓑ）÷3,000㎡＝7,600円

③ 評　価　額

　（190千円－7,600円）×3,000㎡＝547,200千円

④ 地積規模の大きな宅地としての評価

　規模格差補正率＝（3,000㎡×0.85＋225）/3,000㎡　×0.8＝0.74

　547,200千円×0.74＝404,928千円

⑤ 生産緑地としての評価

　生産緑地の所有者が死亡した場合には次に掲げる評価減の適用があります。（評基通40－3）

　(ⅰ) 課税時期において買取り申出中又は買取り申出が可能な生産緑地

　　⇒減額割合5％

　(ⅱ) 課税時期において買取り申出ができない生産緑地

　　⇒下記の割合

買取り申出ができることとなる日までの期間	減額割合
5年以下	10%
5年を超え10年以下	15%
10年を超え15年以下	20%
15年を超え20年以下	25%
20年を超え25年以下	30%
25年を超え30年以下	35%

　今回は所有者に相続が発生しているため，生産緑地の買取り事由が生じたこととなり(ⅰ)に該当しますので5％の減額となります。

　404,928千円×（1－5％）＝384,681,600円

3 納税猶予制度について

⑴ 概　　　要

　相続又は遺贈により取得された農地が，引き続き農業の用に供される場合には，本来の相続税額のうち農業投資価格（農地としての利用を前提とした低い評価額）を超える部分に対応する相続税について，一定の要件の下に納税猶予が認められるものです。また取得した相続人が死亡した場合等にはその納税猶予額は免除されます。

⑵ 被相続人の範囲

　① 死亡の日まで農業を営んでいた者

　② 生前一括贈与（贈与税納税猶予）をした者

　③ 死亡の日まで特定貸付を行っていた者

高齢となり，生前に生計を一にする同居親族に農業経営を移譲している等の場合も①の「死亡の日まで農業を営んでいた」と認められます。

⑶　農業相続人の範囲
①　相続税の申告期限までに農業経営を開始し，その後，引き続き農業経営を行う者
②　生前一括贈与を受けた受贈者
③　相続税の申告期限までに特定貸付けを行った者

⑷　適用を受けるための手続き
①　遺言書がない場合は遺産分割協議書の作成。
②　農業経営を継続する者として農業委員会から「相続税の納税猶予に関する適格者証明書」の交付を受ける。
③　被相続人から農業相続人に農地の所有権移転登記を行う。
④　納税猶予の担保として提供する財産の明細書，その他担保提供に関する書類の準備。
⑤　その他，特例の適用を受けるために必要な申告添付書類一式の準備。

もし遺言書がない場合には，遺産分割協議書の作成から行う必要があります。全ての財産を確定して遺産分割協議書の作成まで行うには，通常，相当の日数を要します。

②の農業委員会は，通常月に１回しか開催されませんので１～２か月かかることとなります。どんなに遅くとも申告期限の２か月前には遺産分割協議を完了させておくべきといえます。

⑸　納税猶予額の計算方法
特例農地について，本来の評価方法で求めた場合の相続税額と農業投資価格によって求めた税額との差額が猶予されます。

農業投資価格とは都道府県（北海道は４ブロック別）・地目ごとに10アール（1,000㎡）当たりの金額を各国税局長が決定した価格です。今後も農地として恒久的に利用されることを前提として，時価に比して著しく低いものとなっています。

【東京都の農業投資価格】			(10アール当たり)
地目 都道府県	田	畑	採草放牧地
東京都	千円 900	千円 840	千円 510

---

4 納税猶予を受けない土地について

　本件では納税資金のために土地の2分の1について売却を希望しています。売却の際には，上記納税猶予の手続きとは別の売却のための手続きを行う必要があります。

　所有する生産緑地の一部を指定解除することについては，明確な規定がないため自治体によっては一部解除が認められない場合があるため確認が必要です。本件では農地Bの一部解除が認められるとして取り扱います。

⑴　生産緑地の指定解除について

　所有する生産緑地の一部について納税猶予の適用を受けない場合には，主たる従事者（被相続人）の死亡を原因として市町村に対して生産緑地を時価で買い取るべき旨の申し出を行います。しかし実際には，ほとんどの場合買い取ることは難しく「買い取らない旨の通知」をもって生産緑地指定解除が行われます。

⑵　売却までの道のり

　まず，主たる従事者の死亡について農業委員会から証明を貰う必要があります。その後，生産緑地の買取りの申出を行い，申出から3か月を経過すると行為制限が解除となります。ここまでで，最低でも4か月は必要となります。

　買取り申出の際には，生産緑地を誰が相続するのか決まっている必要があることから，遺言書がない場合には遺産分割協議が整わなければなりません。さらに，これらの手続きと同時に，売却先の検討，売却条件の決定など行う必要があります。

　上記のことから，スピード感をもって物事を進める必要があります。

⑶　本件土地の評価について

　農地Bの概要…地積480㎡，東京の特別区に所在，生産緑地に指定

①　1㎡当たりの評価額

　300千円

② 1㎡当たりの造成費

整地費　700円×480㎡＝336千円　Ⓐ

土盛費　6,900円×480㎡×1m＝3,312千円　Ⓑ

（Ⓐ＋Ⓑ）÷480㎡＝7,600円

③ 評　価　額

（300,000円－7,600円）×480㎡＝140,352千円

| 農地等についての納税猶予の適用を受ける特例農地等の明細書 | 被相続人 | 父 | 第12表 |

| 特例農地等の明細 | この表は、農業相続人に該当する人が各人ごとに特例農地等の明細を作成します。 | 農業相続人 | 長男 |

都市営農農地等、生産緑地地区内農地等、市街化区域内農地等、その他の農地等の別	田、畑、採草放牧地、準農地、一時的道路用地等、営農困難時貸付農地等、特定貸付農地等、貸付都市農地等の別	地上権、永小作権、使用貸借による権利、賃借権（耕作権）の別	所在場所	面積	農業投資価格 単価(1,000㎡当たり)	農業投資価格 価額	通常価額（第11表の価額）
生産緑地地区内農地等	畑	地上権	東京都杉並区	3,000 ㎡	840,000 円	2,520,000 円	384,681,600 円
	(計)					(2,520,000)	(384,681,600)
			合　計	3,000		⑧ 2,520,000	Ⓐ 384,681,600

農 業 投 資 価 格 に よ り 計 算 し た 取 得 財 産 の 価 額

① 特例農地等の通常価額（上記Ⓐの金額）	② 特例農地等の農業投資価格による価額（上記⑧の金額）	③ 農業投資価格超過額（①−②）	④ 通常価額により計算した取得財産の価額（その農業相続人の第11表⑪＋第11表の2表⑦）	⑤ 農業投資価格により計算した取得財産の価額（④−③）
384,681,600 円	2,520,000 円	382,161,600 円	529,033,600 円	146,872,000 円

(注) 1 「生産緑地地区内農地等」とは、都市計画法第8条第1項第14号に掲げる生産緑地地区内に所在する農地又は採草放牧地で都市営農農地等に該当しない農地又は採草放牧地をいいます。
　　 2 「市街化区域内農地等」とは、都市計画法第7条第1項に規定する市街化区域内に所在する農地又は採草放牧地で都市営農農地等及び生産緑地地区内農地等に該当しない農地又は採草放牧地をいいます。
　　 3 「その他の農地等」とは、都市営農農地等、生産緑地地区内農地等及び市街化区域内農地等のいずれにも該当しない農地又は採草放牧地をいいます。
　　 4 「特例農地等の明細」欄の「農業投資価格」の「価額」欄及び「通常価額」欄には、田、畑、採草放牧地、準農地、一時的道路用地等、営農困難時貸付農地等、特定貸付農地等、貸付都市農地等の別に計を付して、その合計の金額（Ⓐ及び⑧）を第15表の農業相続人の⑧及び⑨欄に転記します。
　　 5 ⑤欄の金額を第3表のその農業相続人の①欄に転記します。
　　 6 ⑤欄の金額を第3表のその農業相続人の⑪欄に転記します。

第12表（令3.7）

(資 4 −20−13−A 4 統一)

財産を取得した人のうちに農業相続人がいる場合の各人の算出税額の計算書

	被相続人	父

私は、租税特別措置法第70条の6第1項の規定による農地等についての相続税の納税猶予の適用を受けます。

相続税の納税猶予の適用を受ける農業相続人の氏名

長男 （ ）

> 取得財産の価額に含まれる農地Aは農業投資価格に基づく価格です。

被相続人から相続、遺贈や相続時精算課税に係る贈与によって特例農地等については農業投資価格によって課税財産の価額を得した全ての人は、この表によって各人の算出税額を計算します。

財産を取得した人の氏名		（各人の合計）	母	長男	
課税価格の計算	取得財産の価額	農業相続人（第12表⑤）①	146,872,000 円	円	146,872,000 円	円
		その他の人（第1表①+第1表②）②	40,000,000	40,000,000		
	債務及び葬式費用の金額（第1表③）③					
	純資産価額（①-③）又は（②-③）（赤字のときは0）④	186,872,000	40,000,000	146,872,000	
	純資産価額に加算される暦年課税分の贈与財産価額（第1表⑤）⑤				
	課税価格（④+⑤）（1,000円未満切捨て）⑥ Ⓐ	186,872,000	40,000,000	146,872,000	,000
各人の算出税額の計算	相続税の総額（第2表⑪）⑦	29,461,600			
	あん分割合（各人の⑥/Ⓐ）⑧	1.00	0.21	0.79	
	算出税額（⑦×各人の⑧）⑨	29,461,600 円	6,186,936 円	23,274,664 円	円
	農業相続人の納税猶予の基となる税額の計算	相続税の総額の差額 ⑩	153,702,800	（第1表の⑦の金額）183,164,400円	－	（この表の⑦の金額）29,461,600円
		農業投資価格超過額（第12表③）⑪ Ⓑ	382,161,600		382,161,600	
		各人へのあん分額（⑩×各人の⑪÷Ⓑ）⑫	153,702,800		153,702,800	
	各人の算出税額（⑨+⑫）⑬	183,164,400	6,186,936	176,977,464	

> 納税猶予を受けない場合の相続税額

> 農業相続人である長男の納税猶予額

財産を取得した人の氏名						
課税価格の計算	取得財産の価額	農業相続人（第12表⑤）①				
		その他の人（第1表①+第1表②）②				
	債務及び葬式費用の金額（第1表③）③					
	純資産価額（①-③）又は（②-③）（赤字のときは0）④					
	純資産価額に加算される暦年課税分の贈与財産価額（第1表⑤）⑤				
	課税価格（④+⑤）（1,000円未満切捨て）⑥	,000	,000	,000	,000
各人の算出税額の計算	相続税の総額（第2表⑪）⑦				
	あん分割合（各人の⑥/Ⓐ）⑧				
	算出税額（⑦×各人の⑧）⑨	円	円	円	円
	農業相続人の納税猶予の基となる税額の計算	相続税の総額の差額 ⑩				
		農業投資価格超過額（第12表③）⑪				
		各人へのあん分額（⑩×各人の⑪÷Ⓑ）⑫				
	各人の算出税額（⑨+⑫）⑬				

（注）1 「各人の算出税額の計算」の「農業相続人の納税猶予の基となる税額」欄は、農業相続人だけが記入します。
　　　2 各人の⑬欄の金額を第1表のその人の「算出税額⑩」欄に転記します。
　　　　この場合、第1表の「一般の場合」の「あん分割合⑧」欄及び「算出税額⑨」欄の記入を行う必要はありません。

第3表（令3.7）　　　　　　　　　　　　　　　　　　　　　　　　　　　　（資4－20－4－A4統一）

6 ま と め

　確認してきたように，納税猶予制度を受ける場合には，相続税申告時に様々な手続きが必要です。また，相続税の申告時だけではなく，納税猶予期間中は申告期限の翌日から起算して3年を経過する日ごとの日までに所轄税務署長に「相続税の納税猶予の継続届出書」の提出が必要とされています。この届出書の提出がなされなかった場合には納税猶予の打切りとなり，提出期限の翌日から2か月以内に猶予相続税額と利子税を一括で納付しなければなりません。

　また，今回のように農地を売却する場合には，譲渡所得の申告や所得税の納付，譲渡所得による住民税，社会保険料等の増額などの負担が生じる可能性がありますのでそれらの負担についても説明する必要があります。

ケース24 延納がある場合

【相談内容】

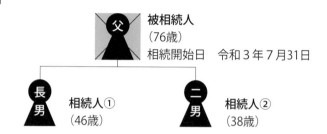

〈被相続人
（76歳）
相続開始日　令和3年7月31日

長男　相続人①
（46歳）

二男　相続人②
（38歳）

〈相続財産〉

・現預金：2億円

・不動産：2億円（居住用：土地1億8,000万円，建物2,000万円）

〈相続人の状況〉

　　長男及び二男とも父とは同居しておらず，ともに持ち家に居住しているため小規模宅地等の特例の適用はできない。

〈相続人の要望〉

　　長男が父の面倒を最後まで看ていたので，長男は不動産を相続し，二男は残りの財産を相続することとしたい。しかし，長男は不動産を相続するため，相続財産から納税資金を賄うことができず，長男固有の預貯金から全額を納税することも難しい。土地の分筆による売却なども検討したが，長男としては，先祖代々受け継がれてきた土地であるため，できれば残したいと思っている。金銭で納付をすることが困難な状況であるため，年賦で納めること（延納）を検討したい。

1 税理士としてのアドバイス

　延納期間及び延納に係る利子税は，相続財産に占める不動産等の割合に応じて定められています。不動産等とは，①土地・家屋などの不動産，②不動産の上に存する権利（借地権など），③事業用の減価償却資産，④特定同族会社の株式及び出資をいいます。

また，延納申請は相続人ごとに判定します。遺産分割において不動産等の割合が高くなった場合には，延納期間が長くなり，利子税の税率が低くなります。さらに，延納申請税額に上限はありませんが，現状の年間の収支状況などから，どのくらいの納税資金を確保できるかなどを把握しておく必要があります。

本ケースでは，延納制度を利用する場合のポイント及び相続税延納申請書の記載方法について解説します。

2 延 納 制 度

(1) 延納制度の概要

相続税の納税方法には，①現金一括納付，②延納，③物納があります。これらは任意に選択できず，納税は納期限までに金銭で一時に納付することが原則です。しかし，納期限までに金銭で納付することを困難とする事由がある場合には，その納付を困難とする金額を限度として，「延納申請書」を提出の上，担保を提供することにより，年賦で納めること（延納）ができます。

国税庁が公表している「相続税の延納処理状況等」，「国税庁統計情報」，及び財務省が公表している「相続税の課税状況の推移」の平成20年度から令和2年度までの実績によると，課税件数，相続人の人数及び延納申請・延納許可，（延納）申請比率は次のとおりです（課税件数は，相続税の課税があった被相続人の数，申請比率は，「延納申請÷相続人の人数」です）。

【課税件数・相続人の人数と延納申請比】

年度	課税件数	相続人の人数	延納申請	延納許可	申請比率
20	48,016	139,695	3,030	2,511	2.2%
21	46,439	134,493	2,737	2,221	2.0%
22	49,891	143,287	2,195	1,941	1.5%
23	51,559	146,270	1,811	1,369	1.2%
24	52,572	147,920	1,450	1,282	1.0%
25	54,421	152,638	1,304	1,011	0.9%
26	56,239	155,889	1,144	887	0.7%
27	103,043	331,666	1,376	959	0.4%
28	105,880	338,424	1,423	1,060	0.4%
29	111,728	352,957	1,344	1,008	0.4%
30	116,341	365,440	1,289	890	0.4%
令和元	115,267	254,517	1,122	757	0.4%
令和2	120,372	264,455	849	718	0.3%

平成20年度から延納申請比率は低下しており，平成25年度以降は1％を下回って

推移しています。また，直近の令和２年度では，相続人の人数が264,455件に対して，延納申請が849件です。このことから，納税義務者の大半は，現金一括納付であることが分かります。延納制度を利用する場合は，「金銭で納付することが困難な金額の範囲内であること」，「担保として提供できる財産があること」などの要件を満たす必要があるため，利用のハードルが高いことが推察されます。

(2)　延納制度の要件

　延納制度の要件は，次の通りです。

> ①　相続税額が10万円を超えること
> ②　金銭で納付することを困難とする事由があり，かつ，その納付を困難とする金額の範囲内であること
> ③　延納税額及び利子税の額に相当する担保を提供すること
> 　　ただし，延納税額が100万円以下で，かつ，延納期間が３年以下である場合には担保を提供する必要はありません。
> ④　延納申請に係る相続税の納期限又は納付すべき日（延納申請期限）までに，延納申請書に担保提供関係書類を添付して税務署長に提出すること

(3)　延納期間及び利子税率

　延納期間及び利子税率は，不動産等の割合に応じて，次のように異なります。不動産等の割合が高くなるほど延納期間が長くなり，利子税率（特例割合）が低下します。本表の「特例割合」は令和３年１月１日時点の延納特例基準割合1.0％で計算しています。

　ただし，その相続税に附帯する延滞税，加算税及び連帯納付責任額については，延納の対象にはなりません。

(4)　提 出 書 類

　延納申請における主な提出書類は次の通りです。

> ・相続税延納申請書
> ・金銭納付を困難とする理由書
> ・延納申請書別紙（担保目録及び担保提供書）
> ・不動産等の財産の明細書（不動産等の価額の割合が75％未満の場合は提出不要）
> ・担保提供関係書類

区分		延納期間 （最高）	延納利子 税割合 （年割合）	特例割合 （※）
不動産等の割合が 75%以上の場合	①　動産等に係る延納相続税額	10年	5.4%	0.7%
	②　不動産等に係る延納相続税額（③を除く）	20年	3.6%	0.4%
	③　森林計画立木の割合が20%以上の森林計画 立木に係る延納相続税額	20年	1.2%	0.1%
不動産等の割合が 50%以上75%未満 の場合	④　動産等に係る延納相続税額	10年	5.4%	0.7%
	⑤　不動産等に係る延納相続税額（⑥を除く）	15年	3.6%	0.4%
	⑥　森林計画立木の割合が20%以上の森林計画 立木に係る延納相続税額	20年	1.2%	0.1%
不動産等の割合が 50%未満の場合	⑦　一般の延納相続税額（⑧，⑨及び⑩を除く）	5年	6.0%	0.8%
	⑧　立木の割合が30%を超える場合の立木に係 る延納相続税額（⑩を除く）	5年	4.8%	0.6%
	⑨　特別緑地保全地区等内の土地に係る延納相 続税額	5年	4.2%	0.5%
	⑩　森林計画立木の割合が20%以上の森林計画 立木に係る延納相続税額	5年	1.2%	0.1%

（※）令和3年1月1日現在の「延納特例基準割合」1.0%で計算しています。）
（出典：国税庁ホームページ「相続税・贈与税の延納の手引」より）

3　連帯納付義務の留意点

　相続税法34条では，相続税の徴収を担保するため，本来の納税義務者以外の者に，連帯して納付する責任を負わせています。これを「連帯納付義務」といい，本人の相続税を納付していても，他の相続人等が納付をしない場合，他の相続人等の相続税まで連帯して納付しなければならない制度です。

　しかし，相続人等の一部が延納をしていた場合において，相続開始から長期間経過後にその延納が滞ったときに他の相続人等に連帯納付義務が追及されるのは酷な状況です。このような状況を回避するために平成24年度の税制改正において連帯納付義務が見直され，具体的には，以下の場合に連帯納付義務が解除されることになりました。

・申告期限から5年を経過した場合
・本来の納税義務者が延納の許可を受けた場合
・本来の納税義務者が納税猶予の適用を受けた場合

4 相続税延納申請書の記載方法

相続税の延納申請をする場合，「相続税延納申請書」及び「金銭納付を困難とする理由書」を使用します。

「金銭納付を困難とする理由書」においては，相続財産だけでなく，納税者固有の現金・預貯金等を記載します。納税者自身で現金・預貯金等を有している場合には，その分は延納の対象から控除する必要があります。

また，裏面には，納税者固有の現金・預貯金その他換価の容易な財産，年間の収入及び生活費等を，前年の源泉徴収票又は確定申告書・収支内訳書等に基づき金額を記載します（④欄）。さらに，納税者は月100,000円，配偶者その他の親族は月45,000円で生活費を試算して，源泉所得税や社会保険料などを試算します（⑤⑥⑦欄）。

なお，生活費の検討に当たって加味すべき金額として，治療費・養育費・教育費の支払い額（過去の支払い実績等を踏まえた金額によります）のほか，住宅ローンなどの経常的な支払い，その他申請者等の資力・職業・社会的地位・その他の事情を勘案して社会通念上適当と認められる範囲の金額を試算します（⑧欄）。

ただし，当該項目については内容説明及び金額の算出根拠等を簡記し，その資料の写しを添付する必要があります。生活費の検討に当たって加味すべき金額など，将来の収支計画を概算で行うイメージです。

また，相続財産である不動産を担保として提供する場合には，添付資料が必要になります。添付資料は，提供する財産によって異なるので注意が必要です。

土地	□登記事項証明書 □固定資産税評価証明書 □抵当権設定登記承諾書 □印鑑証明書	【担保にできないもの】 譲渡について制限のある土地
建物	□登記事項証明書 □固定資産税評価証明書 □抵当権設定登記承諾書 □印鑑証明書 □質権設定承認請求書 □保険証券等の写し	【担保にできないもの】 1　火災保険に加入していない建物 2　違法建築又は土地の違法利用のため，建物除去命令等がされているもの 3　法令上担保権の設定又は処分が禁止されているもの 4　借地上の建物で担保物処分の際に，借地権の譲渡についてあらかじめ地主の同意が得られないもの

（出典：国税庁ホームページ「相続税・贈与税の延納の手引」より）

相続税延納申請書

税務署長殿　　　　　　　　　（〒　　　）

令和　年　月　日

住所 _____

フリガナ　　　　　　チョウナン
氏名　**長男**　　　　　　　　　　　　㊞

法人番号													

職業 _____　電話 _____

下記のとおり相続税の延納を申請します。

記

1　延納申請税額

		円
①	納付すべき相続税額	54,600,000
②	①のうち物納申請税額	
③	①のうち納税猶予をする税額	
④	差引（①－②－③）	54,600,000
⑤	④のうち現金で納付する税額	13,630,000
⑥	延納申請額（④－⑤）	40,970,000

2　金銭で納付することを困難とする理由

別紙「金銭納付を困難とする理由書」のとおり。

3　不動産等の割合

区　分	課税相続財産の価額（③の税額がある場合には農業投資価格等によります。）	割　合
割合の判定　⑦立木の価額		⑩（⑦／⑨）（端数処理不要）
⑧不動産等（⑦を含む。）の価額	200,000,000	⑪（⑧／⑨）（端数処理不要）　1
⑨全体の課税相続財産の価額	200,000,000	
割合の計算　⑫立木の価額（千円未満の端数切捨て）		⑮（小数点第三位未満切り上げ）（⑫／⑭）
⑬不動産等（⑦を含む。）の価額（千円未満の端数切捨て）	200,000,000	⑯（小数点第三位未満切り上げ）（⑬／⑭）　1
⑭全体の課税相続財産の価額（千円未満の端数切捨て）	200,000,000	

4　延納申請税額の内訳　　　　　5　延納申請年数　　6　利子税の割合

				5 延納申請年数	6 利子税の割合
不動産等の割合（⑪）が75％以上の場合	不動産等に係る延納相続税額	④×⑯と⑥とのいずれか少ない方の金額	⑰（100円未満端数切り上げ）40,970,000	（最高）20年以内　20	3.6
	動産等に係る延納相続税額	（⑥－⑰）	⑱	（最高）10年以内	5.4
不動産等の割合（⑪）が50％以上75％未満の場合	不動産等に係る延納相続税額	④×⑯と⑥とのいずれか少ない方の金額	⑲（100円未満端数切り上げ）	（最高）15年以内	3.6
	動産等に係る延納相続税額	（⑥－⑲）	⑳	（最高）10年以内	5.4
不動産等の割合（⑪）が50％未満の場合	立木に係る延納相続税額	④×⑮と⑥とのいずれか少ない方の金額	㉑（100円未満端数切り上げ）	（最高）5年以内	4.8
	その他の財産に係る延納相続税額	（⑥－㉑）	㉒	（最高）5年以内	6.0

7　不動産等の財産の明細　　別紙不動産等の財産の明細書のとおり

㊞

8　担保　　別紙目録のとおり

税務署整理欄	郵送等年月日	担当者印
	令和　年　月　日	

9 分納税額、分納期限及び分納税額の計算の明細

㉓ 期　間	分　納　期　限	延納相続税額の分納税額　〔1,000円未満の端数が生ずる場合には端数金額は第1回に含めます。〕		分納税額計 (㉔＋㉕)
		㉔ 不動産等又は立木に係る税額 (⑰÷「5」欄の年数)、 (⑲÷「5」欄の年数) 又は (㉑÷「5」欄の年数)	㉕ 動産等又はその他の財産に係る税額 (⑱÷「5」欄の年数)、 (⑳÷「5」欄の年数) 又は (㉒÷「5」欄の年数)	
第 1 回	令和　年　月　日	2,058,000 円	円	2,058,000 円
第 2 回	年　月　日	2,048,000		2,048,000
第 3 回	年　月　日	2,048,000		2,048,000
第 4 回	年　月　日	2,048,000		2,048,000
第 5 回	年　月　日	2,048,000		2,048,000
第 6 回	年　月　日	2,048,000		2,048,000
第 7 回	年　月　日	2,048,000		2,048,000
第 8 回	年　月　日	2,048,000		2,048,000
第 9 回	年　月　日	2,048,000		2,048,000
第１０回	年　月　日	2,048,000		2,048,000
第１１回	年　月　日	2,048,000		2,048,000
第１２回	年　月　日	2,048,000		2,048,000
第１３回	年　月　日	2,048,000		2,048,000
第１４回	年　月　日	2,048,000		2,048,000
第１５回	年　月　日	2,048,000		2,048,000
第１６回	年　月　日	2,048,000		2,048,000
第１７回	年　月　日	2,048,000		2,048,000
第１８回	年　月　日	2,048,000		2,048,000
第１９回	年　月　日	2,048,000		2,048,000
第２０回	年　月　日	2,048,000		2,048,000
計		(⑰、⑲又は㉑の金額) 40,970,000	(⑱、⑳又は㉒の金額)	(⑥の金額) 40,970,000

10 その他参考事項

右の欄の該当の箇所を○で囲み住所氏名及び年月日を記入してください。	被相続人、遺贈者	(住所)	
		(氏名) 父	
	相続開始、遺贈年月日		令和 3 年 7 月 31 日
	申告(期限内、期限後、修正)、更正、決定年月日		令和 4 年 5 月 31 日
	納　期　限		令和 4 年 5 月 31 日
物納申請の却下に係る延納申請である場合は、当該却下に係る「相続税物納却下通知書」の日付及び番号			平成 令和　年　月　日　第　　号
担保が保証人(法人)の保証である場合は、保証人である法人の延納許可申請日の直前に終了した事業年度に係る法人税申告書の提出先及び提出日			税務署 令和　年　月　日

金銭納付を困難とする理由書

（相続税延納・物納申請用）

令和　　年　　月　　日

税務署長　殿

住　所 _____

氏　名　**長男**　　　　　　　㊞

令和 3 年 7 月 31 日付相続（被相続人　父　　　　　　）に係る相続税の納付については、

納期限までに一時に納付することが困難であり、その納付困難な金額は次の表の計算のとおり

~~延納によっても金銭で納付することが困難であり、~~

であることを申し出ます。

1　納付すべき相続税額（相続税申告書第1表㉘の金額）		A	54,600,000 円
2　納期限（又は納付すべき日）までに納付することができる金額		B	13,630,000 円
3　延納許可限度額	【A-B】	C	40,970,000 円
4　延納によって納付することができる金額		D	51,770,000 円
5　物納許可限度額	【C-D】	E	−10,800,000 円

2 納期限（又は納付すべき日）までに納付することができる金額の計算	(1)　相続した現金・預貯金等	（イ＋ロ−ハ）	【　　　　円】	
	イ　現金・預貯金（相続税申告書第15表の金額）	（　　　　円）		
	ロ　換価の容易な財産（相続税申告書第11表・第15表該当の金額）	（　　　　円）		
	ハ　支払費用等	（　　　　円）		
	内訳　相続債務（相続税申告書第15表の金額）	［　　　　円］		
	葬式費用（相続税申告書第15表の金額）	［　　　　円］		
	その他（支払内容：　　　）	［　　　　円］		
	（支払内容：　　　）	［　　　　円］		
	(2)　納税者固有の現金・預貯金等	（イ＋ロ＋ハ）	【 15,000,000円】	
	イ　現金	（　　　　円）	←裏面①の金額	
	ロ　預貯金	（　　　　円）	←裏面②の金額	
	ハ　換価の容易な財産	（　　　　円）	←裏面③の金額	
	(3)　生活費及び事業経費	（イ＋ロ）	【 1,370,000円】	
	イ　当面の生活費（3月分）うち申請者が負担する額	（　　　　円）	←裏面⑪の金額×3/12	
	ロ　当面の事業経費	（　　　　円）	←裏面⑭の金額×1/12	
	Bへ記載する	【(1)＋(2)−(3)】	B	【13,630,000円】

4 延納によって納付することができる金額の計算	(1)　経常収支による納税資金（イ×延納年数（最長20年））＋ロ	【 51,770,000円】		
	イ　裏面④−（裏面⑪＋裏面⑭）	（ 2,520,000円）		
	ロ　上記2(3)の金額	（ 1,370,000円）		
	(2)　臨時的収入	【　　　　円】	←裏面⑮の金額	
	(3)　臨時的支出	【　　　　円】	←裏面⑯の金額	
	Dへ記載する	【(1)＋(2)−(3)】	D	51,770,000 円

添付資料

☐　前年の確定申告書(写)・収支内訳書(写)

☑　前年の源泉徴収票(写)

☐　その他（　　　　　　　　　　　　　　　　　　　　　　　）

224

(裏面)

1 納税者固有の現金・預貯金その他換価の容易な財産

手持ちの現金の額			①	15,000,000 円	
預貯金の額	/ （　　　　円）	/ （　　　　円）	②	円	
	/ （　　　　円）	/ （　　　　円）			
換価の容易な財産	（　　　　円）	（　　　　円）	③	円	
	（　　　　円）	（　　　　円）			

2 生活費の計算

給与所得者等：前年の給与の支給額 事業所得者等：前年の収入金額	④	8,000,000 円	
申請者　　　　　　　　　　100,000 円　×　12	⑤	1,200,000 円	
配偶者その他の親族　（　　2　人）×45,000 円　×　12	⑥	1,080,000 円	
給与所得者：源泉所得税、地方税、社会保険料（前年の支払額） 事業所得者：前年の所得税、地方税、社会保険料の金額	⑦	1,400,000 円	
生活費の検討に当たって加味すべき金額 　加味した内容の説明・計算等 　　住宅ローン返済　　　毎月100,000円×12　残返済期間25年 　　教育費・その他支出　毎月50,000円×12	⑧	1,800,000 円	
生活費（1年分）の額　　（⑤＋⑥＋⑦＋⑧）	⑨	5,480,000 円	

3 配偶者その他の親族の収入

氏名	（続柄　　　）	前年の収入（　　　　円）	⑩	円
氏名	（続柄　　　）	前年の収入（　　　　円）		
申請者が負担する生活費の額　⑨×（④／（④＋⑩））			⑪	5,480,000 円

4 事業経費の計算

前年の事業経費（収支内訳書等より）の金額	⑫	円
経済情勢等を踏まえた変動等の調整金額 　調整した内容の説明・計算等	⑬	円
事業経費（1年分）の額　　（⑫＋⑬）	⑭	円

5 概ね1年以内に見込まれる臨時的な収入・支出の額

臨時的収入		年　月頃（　　　　円）	⑮	円
		年　月頃（　　　　円）		
臨時的支出		年　月頃（　　　　円）	⑯	円
		年　月頃（　　　　円）		

5 ま と め

　相続税の申告期限は相続発生日から10か月以内です。その間に納税資金を確保しなければなりませんが，相続財産の大半が不動産で占める場合は，納税資金が不足する可能性が高くなります。そのため，相続税申告の業務を受託した場合には，納税のシミュレーションを早期に顧客に伝える必要があります。

　また，延納申請税額に上限はありませんが，年間の所得金額及び生活費のバランスを考えて設定する必要があります。前述したように，納税者自身で現金・預貯金等を有している場合には，その分は延納の対象から控除するため，注意が必要になります。

【著者紹介】

税理士法人トゥモローズ

相続案件を年間200件以上取り扱う相続専門の税理士法人。謙虚に，素直に，誠実に，お客様目線を徹底的に貫く相続サービスに定評があり，近年は税理士からの相続税申告の相談依頼も多い。また，相続税務に関する税務専門誌への寄稿も多数手掛けている。

【主要著書】 『未分割申告の税実務』『歯科医院の上手なたたみ方・引き継ぎ方－閉院／事業承継／相続の手順とポイント－』(清文社)，『相続・贈与がまるごとわかる本』監修（晋遊舎）

《執筆者》
税理士　角田壮平
税理士　大塚英司
税理士　高畑光伸
税理士　佐藤菜美
税理士　和田陽子
山田長憲
熊野翔一

著者との契約により検印省略

令和4年4月20日　初 版 発 行

顧客満足度を高める
24の相談事例でつかむ
相続税申告書の作成実務

著　　者　　税理士法人トゥモローズ
発 行 者　　大　坪　克　行
印 刷 所　　株 式 会 社 技 秀 堂
製 本 所　　牧 製 本 印 刷 株 式 会 社

発行所　東 京 都 新 宿 区　　　　　株式　税 務 経 理 協 会
　　　　下落合2丁目5番13号　　　　会社

郵便番号 161-0033　振替 00190-2-187408　電話(03)3953-3301(編集代表)
　　　　　　　　　　FAX (03)3565-3391　　　　(03)3953-3325(営業代表)
　　　　　　　　　　乱丁・落丁の場合はお取替えいたします。
　　　　　　　　　　URL http://www.zeikei.co.jp/

ISBN978-4-419-06844-8　C3034